Wilhelm Bruners

Gottes hauchdünnes Schweigen

Auf seine Stimme hören

Franziskanische Akzente

herausgegeben von Mirjam Schambeck sf
und Helmut Schlegel ofm

Band 20

WILHELM BRUNERS

Gottes hauchdünnes Schweigen

AUF SEINE STIMME HÖREN

echter

Herzlicher Dank geht an Eva Laux für die sorgfältige Zuarbeit bei den Korrekturen sowie an die Provinz Sankt Elisabeth der Franziskaner-Minoriten, OFM Conv. in Deutschland, für die finanzielle Unterstützung. Mirjam Schambeck sf und Helmut Schlegel OFM danke ich für die Einladung und Aufnahme meiner Überlegungen in die Reihe „Franziskanische Akzente“.

Ich widme Markus Roentgen, meinem geistlichen Begleiter, dankbar dieses Buch. Seine Weise, Gottes Stimme zu hören, hat mir in den letzten Jahren neue theologisch-spirituelle Räume erschlossen.

Bibliografische Information der Deutschen Nationalbibliothek
Die Deutsche Nationalbibliothek verzeichnet diese Publikation in der Deutschen Nationalbibliografie; detaillierte bibliografische Daten sind im Internet über ‹http://dnb.d-nb.de› abrufbar.

2. Auflage 2019

www.echter.de

Umschlag: wunderlichundweigand.de (Foto: Elisabeth Wöhrle sf)
Satz: Crossmediabureau – http://xmediabureau.de
Druck und Bindung: Friedrich Pustet, Regensburg

ISBN
978-3-429-05380-2
978-3-429-05032-0 (PDF)
978-3-429-06442-6 (ePub)

Inhalt

glaube für r.k.

er bewohnt in mir
ein zimmer nur zur miete
er ist oft unterwegs

er kommt und geht
unberechenbarer besucher
meist ist er ungepflegt
ein clochard unrasiert

er riecht nach welt
und behauptet
draußen sähe er
den himmel besser

auch bei nacht
wilhelm bruners

Vorwort

„Und es braucht eine neue Sprache für den Glauben. Eine Sprache, die sich nach Erde anfühlt, die nach dem Schweiß der Angst und der Arbeit riecht, eine Sprache mit dem Geschmack allen Glücks und aller Bitterkeit der Welt, die heutig klingt und die Augen öffnet für Gottes Welt – und was ihr entgegen steht.“[1]

Um diese „neue“ Sprache geht es in den vorliegenden Überlegungen. Bisher hatte die Kirchensprache der Gottesdienste und Katechesen den Primat im Sprechen mit und über Gott. Hinzu kamen mehr und mehr spirituelle Texte. Und schließlich gibt es die wissenschaftlichen Theologien mit ihren je eigenen, oft schwierigen Sprachspielen. Zur Umgangssprache der Menschen aber entstand ein immer tieferer Graben. Erst recht betraf dies in der Vergangenheit Lehrschreiben der vatikanischen Zentrale. Sie zu lesen blieb meist den Fachtheolog/-innen überlassen und, in seltenen Fällen, den Prediger/-innen. Nicht besser ergeht es bis heute den Briefen der „Hirten“ – mit wenigen Ausnahmen. Selten gelangt ein Bischofswort in die Kommentare der allgemeinen Medien, es sei denn, es nimmt (kontrovers) Stellung zu sozial-politischen oder allgemein ethischen und medizinischen Problemen.

Die folgenden Überlegungen gehen der Frage nach, wie heute von Gott zu reden ist, wenn er denn in der Kollektiverinnerung bleiben soll und nicht aus der Sprache verschwindet. Ist Gott sprachlich noch zu retten? Eine Überforderung für alle, die sich dafür verantwortlich fühlen?

Muss die Frage nicht vielmehr lauten: Wie redet Gott heute den Menschen an, um in seiner Schöpfung und auch Kirche von Menschen wahrgenommen zu werden? Welche Sprache muss der Mensch lernen, wenn er Gott hören und verstehen will? Bedient sich Gott ausschließlich einer exklusiven Theolog/-innen- oder spirituellen Sondersprache? Oder ist seine Ansprache an uns nicht gerade voll menschlicher Freude, aber auch voll Schweiß und Angst und hat tatsächlich den „Geschmack allen Glücks und aller Bitterkeit der Welt“ (Peter Hundertmark), weil sie eine Sprache ist, die sich nach Erde anfühlt? – Diesen Fragen geht der Text nach und ermutigt, den eigenen Erfahrungen bei der Suche nach der Gottsprache in unserer Welt zu trauen.

1. Biblische Gotteserfahrung und ihre Bildsprache

Die Karmelerfahrung und ihr Bild: Warum die Suche nach dem richtigen Gott ins „Kinderzimmer der Religion" gehört und nicht weiterführt

„harmlos von gott zu reden
ist gefährlich“

Die Szene ist krass. Aber sie ist genial gestaltet. Kein Filmregisseur hätte ein besseres Drehbuch schreiben können. Ein kleiner Prophet. Ein kleines Volk. Und ein in der Welt der Götter unbekannter Gott. Sie treten an gegen die große kanaanäische Baal-Gottheit. Baal, der Wetter- und Sturmgott, der Schöpfergott des kanaanäischen Zeitalters im Vorderen Orient. Die Hauptgottheit der Zivilreligion; ihr gehört man selbstverständlich an. Hat da der Gott des im Chor der Großvölker kleinen Israels überhaupt eine Chance? Hinzu kommt: Das Volk Israel hat sich gespalten. Nach dem Tod König Salomos, des Davidssohnes, gibt es ein Nordreich und ein Südreich. Der Aufstand galt dem Sohn und Nachfolger Salomos, Rehabeam. Er war, so erzählt das 1. Buch der Könige 12f., nicht dem Rat der Ältesten und Weisen gefolgt. Er hatte das Volk nicht entlastet. Er steigerte vielmehr die Lasten, machte das Joch schwerer, wie es auch die Notiz in 1 Kön 12,11 verrät: „Hat mein Vater euch ein schweres Joch aufgebürdet, so werde ich es noch schwerer machen …“ Erst 900 Jahre später wird ein Mann, ebenfalls aus dem Haus Davids, sagen: „… Mein

Joch drückt nicht, und meine Last ist leicht" (Mt 11,30). Ihn bekennt der Evangelist Matthäus als den wahren Davidssohn und rechtmäßigen Nachfolger.

Der vorherrschende Baalskult hatte im 8. Jahrhundert v. Chr. in Israel, vor allem im Norden, eine große Fürsprecherin: Isebel, die Frau des israelischen Königs Ahab. Politisch war es ein geschickter Schachzug von Ahab, diese kanaanäische Königstochter zu heiraten. Wahrscheinlich kennen wir sogar ihr Brautlied, das Eingang in das Psalmenbuch gefunden hat: „Höre, Tochter, sieh her und neige dein Ohr, / vergiss dein Volk und dein Vaterhaus / … Die Töchter von Tyrus kommen mit Gaben, / deine Gunst begehren die Edlen des Volkes. / Die Königstochter ist herrlich geschmückt, / ihr Gewand ist durchwirkt mit Gold und Perlen …" Ps 45,11.13–14).

Denn durch Isebel, die Syrophönizierin, sicherte sich Ahab, König im Nordreich Israels, den Frieden an der Nordwestgrenze und zum Meer hin. Die reichen und mächtigen Küstenstädte Tyrus und Sidon wurden ihm durch diese Heirat nicht mehr gefährlich. Sein Thronsitz war in Samaria. Aber Isebel, stolz auf ihre machtvolle Herkunft, bringt natürlich ihren mächtigen „Hausgott" Baal mit und will das kleine Israel „baalabhängig" machen. Auch Israel soll sich der Staats- und Zivilreligion des Baal anschließen.

Was ist da schon der Gott Israels, JHWH? Zunächst ist diese Gottheit klein und unbedeutend – wie das Volk Israel selbst. Doch Ahab und vor allem Isebel haben ihre Rechnung ohne den Propheten Elija gemacht. Der Prophet Elija tritt an gegen die mit Isebel eingewanderte Priesterschaft des Baal. Der kam aber nicht allein: Ihn begleitete die weibliche Gottheit Aschera. Zusammen bildeten sie ein allmächtiges Götterpaar. Dagegen steht der „kleine“ Gott Israels. Der Religionsstreit kann starten: Welche Gottheit ist stärker? Welche Gottheit setzt sich durch?

Es sind Fragen religiöser Macht und Identität. Fragen des religiösen „Kinderzimmers“: Welche Gottheit hat Recht? Wer verehrt den richtigen Gott? Welcher Gott ist in der Lage, seine Verehrerinnen und Verehrer zu schützen? Wer kann Wunder tun? Wer kann retten? Wer ist der Gott über allen Göttern? Wer ist der „Allmächtige“? Und wie sieht die Verehrung des Staatsgottes aus? Mit welchem „Event“ kann die Gottheit beeindruckend vermittelt werden?

Ein Kampf auf Leben und Tod beginnt. Der Prophet Elija fordert seine Gegner heraus (vgl. 1 Kön 18). Auf dem Karmelgebirge kommt es in Anwesenheit des Volkes, das zwischen Baal und Jahwe schwankt, durch den Propheten zur Entscheidung.

Elija veranlasst den König, Boten auszuschicken: „… versammle mir ganz Israel auf dem Karmel, auch die vierhundertfünfzig Propheten des Baal und die vierhundert Propheten der Aschera, die vom Tisch Isebels essen. Ahab schickte in ganz Israel umher und ließ die Propheten auf dem Karmel zusammenkommen. Und Elija trat vor das ganze Volk und rief: Wie lange noch schwankt ihr nach zwei Seiten? Wenn Jahwe der wahre Gott ist, dann folgt ihm! Wenn aber Baal es ist, dann folgt diesem! Doch das Volk gab ihm keine Antwort. Da sagte Elija zum Volk: Ich allein bin als Prophet des Herrn übrig geblieben; die Propheten des Baal aber sind vierhundertfünfzig. Man gebe uns zwei Stiere. Sie sollen sich einen auswählen, ihn zerteilen und auf das Holz legen, aber kein Feuer anzünden. Ich werde den andern zubereiten, auf das Holz legen und kein Feuer anzünden. Dann sollt ihr den Namen eures Gottes anrufen, und ich werde den Namen des Herrn anrufen. Der Gott, der mit Feuer antwortet, ist der wahre Gott. Da rief das ganze Volk: Der Vorschlag ist gut" (1 Kön 18,19–24).

Religion bekommt, wenn sie auf dem Niveau kindischer Religionskämpfe stattfindet (oder wieder angekommen ist), einen enormen Unterhaltungswert, in dem auch heute vor allem amerikanisch-religiöse Großveranstaltungen ihr Heil suchen. Das Volk, religiös wenig gebildet und aufgeklärt, ist völlig von den religiösen und theologischen Meinungsmachern und Religions-Führern sowie ihren Interpretationen abhängig. An religiöser Unterhaltung und Folklore besteht immer Bedarf, auch wenn die Meinung der herrschenden Klasse über das unaufgeklärte (!) Volk – vor allem in der Religion – mehr Verachtung als Respekt zeigt.

Die Frage nach Gott und der Wahrheit verliert durch solche Showveranstaltungen und Events ihren Ernst und verschwindet am Ende ganz. Antworten geben solche Machtdemonstrationen nicht; sie unterhalten bestenfalls. Wenn aber tiefe Lebenskrisen kommen, versagen sie völlig, weil ihnen dazu keine Antwort einfällt. Sie stützen zugleich die These kritischer Hirne, dass jedwede Religion, ihre liturgischen Riten und Inszenierungen das „Opium des Volkes" (Karl Marx) sind.

„Nun sagte Elija zu den Propheten des Baal: Wählt ihr zuerst den einen Stier aus und bereitet ihn zu; denn ihr seid die Mehrheit. Ruft dann den Namen eures Gottes an, entzündet aber kein Feuer! Sie nahmen den Stier, den er ihnen überließ, und bereiteten ihn zu. Dann riefen sie vom Morgen bis zum Mittag den Namen des Baal an und schrien: Baal, erhöre uns! Doch es kam kein Laut und niemand gab Antwort. Sie tanzten hüpfend um den Altar, den sie gebaut hatten.

Um die Mittagszeit verspottete sie Elija und sagte: Ruft lauter! Er ist doch Gott. Er könnte beschäftigt sein, könnte beiseite gegangen oder verreist sein. Vielleicht schläft er und wacht dann auf. Sie schrien nun mit lauter Stimme. Nach ihrem Brauch ritzten sie sich mit Schwertern und Lanzen wund, bis das Blut an ihnen herabfloss. Als der Mittag vorüber war, verfielen sie in Raserei und das dauerte bis zu der Zeit, da man das Speiseopfer darzubringen pflegt. Doch es kam kein Laut, keine Antwort, keine Erhörung" (1 Kön 18,27–29).

Friedrich Nietzsche muss diese Szene im Blick gehabt haben, als er die Geschichte vom „tollen Menschen" und seiner vergeblichen Gottsuche aufschreibt. Ein Bild für die Not oder Leere, wenn Gott für viele aus dem Blick geraten ist – oder erst gar nicht in den Blick kommen kann, weil sie mit der Frage nach Gott nie „belästigt" worden sind.

„Habt ihr nicht von jenem tollen Menschen gehört, der am hellen Vormittag eine Laterne anzündete, auf den Markt lief und unaufhörlich schrie: ‚Ich suche Gott! Ich suche Gott!' Da dort gerade viele von denen zusammenstanden, welche nicht an Gott glaubten, so erregte er ein großes Gelächter. Ist er denn verlorengegangen?, sagte der eine. Hat er sich verlaufen wie ein Kind?, sagte der andere. Oder hält er sich versteckt? Fürchtet er sich vor uns? Ist er zu Schiff gegangen? ausgewandert? – so schrien und lachten sie durcheinander. Der tolle Mensch sprang mitten unter sie und durchbohrte sie mit seinen Blicken. ‚Wohin ist Gott?' rief er, ‚ich will es euch sagen! Wir haben ihn getötet – ihr und ich! Wir sind seine Mörder!'"[2]

Der Prophet Elija ist sich seiner Sache ganz sicher. Er bereitet alles für den Starken Israels und seinen Sieg vor. Das mag zwar ein wunderbares Zeugnis seiner Glaubensstärke sein, ist aber fatal für die „Opfer" einer so robusten Mission: „Nun forderte Elija das ganze Volk auf: Tretet her zu mir! Sie kamen und Elija baute den zerstörten Altar Jahwes wieder auf. Er nahm zwölf Steine, nach der Zahl der Stämme der Söhne Jakobs, zu dem der Herr gesagt hatte: Israel soll dein Name sein. Er fügte die Steine zu einem Altar für den Namen des Herrn, zog rings um den Altar einen Graben und grenzte eine Fläche ab, die zwei Sea Saat hätte aufnehmen können. Sodann schichtete er das Holz auf, zerteilte den Stier und legte ihn auf das Holz. Nun befahl er: Füllt vier Krüge mit Wasser und gießt es über das Brandopfer und das Holz! Hierauf sagte er: Tut es noch einmal! Und sie wiederholten es. Dann sagte er: Tut es zum dritten Mal! Und sie taten es zum dritten Mal. Das Wasser lief rings um den Altar. Auch den Graben füllte er mit Wasser. Zu der Zeit nun, da man das Speiseopfer darzubringen pflegt, trat der Prophet Elija an den Altar und rief: Herr, Gott Abrahams, Isaaks und Israels, heute soll man erkennen, dass du Gott bist in Israel, dass ich dein Knecht bin und all das in deinem Auftrag tue. Erhöre mich, Herr, erhöre mich! Dieses Volk soll erkennen, dass du, Herr, der wahre Gott bist und dass du sein Herz zur Umkehr wendest. Da kam das Feuer des Herrn herab und verzehrte das Brandopfer, das Holz, die Steine und die Erde. Auch das Wasser im Graben leckte es auf. Das ganze Volk sah es, warf sich auf das Angesicht nieder und rief: Jahwe ist Gott, Jahwe ist Gott! Elija aber befahl ihnen: Ergreift die Propheten des Baal! Keiner von ihnen soll entkommen. Man ergriff sie und Elija ließ sie zum Bach Kischon hinabführen und dort töten" (1 Kön 18,30–40).

Mit der Ermordung der Baalspropheten endet dieser abstoßende Vergleich. Ein für alle entwürdigendes Sieger-Verlierer-Spiel. (Von den vierhundert Propheten der Aschera, „die vom Tisch Isebels essen", ist gar nicht mehr die Rede. Hatten sie sich aus dem Staub gemacht, als sie die Katastrophe kommen sahen?) Ein abstoßendes Narrativ – auch für den Gott Israels. Elija sieht in der fremden, scheinbar übermächtigen Priesterschaft die Hauptstützen des heidnischen Kultes. Geschickt nutzte er die Stimmung des Volkes, um der Gefahr eines (neuen) Glaubensabfalls in Israel zu begegnen. Er bleibt mit seiner Antwort auf der fragwürdigen Ebene eines Religionsvergleichs der Stärke und Überlegenheit. Christliche Missionare haben (z.B. während der Kreuzzüge und nach der Entdeckung neuer Erdteile) bis in die Neuzeit zu ähnlichen Praktiken gegriffen und damit zugleich die imperiale Eroberungspolitik europäischer Großmächte unterstützt. Lange vertraute der Vatikan einheimischen Menschen in anderen Erdteilen kein Leitungsamt an, sondern schickte westeuropäische Männer und später auch Frauen in „Missionsgebiete", um die Menschen dort zu „bekehren"; oder um aus ihnen europäisierte Männer und später auch Frauen zu machen, indem sie zur Ausbildung an theologische Schulen der kirchlichen Hauptstädte des Westens geschickt wurden. Geistliche und spirituelle Welten anderer Erdteile wurden überhaupt nicht zur Kenntnis genommen. „Unaufgeklärtes Heidentum". „Teuflischer Ahnenkult". Oder abgründiger noch: Es war eine große Gefahr für das eigene Glaubensgebäude. Und die wenigen Versuche, in eine offene Ökumene zu treten, wie sie etwa der Jesuitenorden in einigen Erdteilen versuchte, fielen noch bis ins letzte Jahrhundert unter kirchliche Strafmaßnahmen.

Doch hatte Elija wirklich über den gewaltigen Baalskult gesiegt? Hatte er gar die Gegner überzeugt? Gewiss, das

Volk hatte eine religiöse Demonstration erlebt. Hatte sich gustiert an einem Gottvergleich, dessen Ausgang für den Erzähler ohnehin klar war. Aber die Suche nach der Wahrheit, nach Gott selbst, hatte eine blutige Niederlage erfahren. Insgesamt hat die Szene karikaturistische Züge. Waren sie vom Verfasser der Erzählung gewollt, um schon damals zu zeigen, wohin ein solcher Religionsvergleich führen kann, vielleicht sogar führen muss? Wie lächerlich er ist?

So oft haben in der Religionsgeschichte die jeweiligen Propheten ihre Gottheiten wie in einem „Boxkampf" gegeneinander antreten lassen, um dann den Sieger zum einzig wahren Gott zu erklären. Das Volk stimmte solchen religiösen Machtkämpfen zu, weil es keine Wahl hatte. Zu lange musste es sich auf seine Theologen und religiösen Autoritäten verlassen. Als Entgelt aber forderte es eine spannende Unterhaltung. Und erwartete dazu soziale Wohltaten vom Tisch der Götter und ihrer irdischen Sozialagenten, der Priesterschaft.

Im „Kinderzimmer der Religionen" streiten sich Heranwachsende, wer der Größte und Schönste ist. Vielleicht ist das in einer ersten Phase sich bildender religiöser Identität auch wichtig. Rivalität fragt nach Quantität, misst mit äußeren Parametern auf der religiösen Messlatte. Mit „Gottesdienst" hat das, aus heutiger Sicht, wenig zu tun. Überlebt sich eine solche Phase religiöser Entwicklung und führt ins religiöse Erwachsenwerden, dann hat sie vielleicht ihren Sinn gehabt, aber es ist zu befürchten, dass viele, auch Amtsträger, auf dieser Stufe hängenbleiben und nicht weiterwachsen.

Der theologische Disput wurde, wie etwa im Mittelalter mit jüdischen Theologen, immer in der Gewissheit geführt, dass die eigene Position im Recht war und der

„Gegner" kein Recht haben konnte. Es kam allein darauf an, ob er sich besser oder schlechter in dieser Auseinandersetzung behauptete. Für die Frage nach dem Göttlichen führen diese Streitigkeiten nur in die Irre und kaum weiter. Oder sie führen für die „Verlierer" sehr oft auf Scheiterhaufen, in Gefängnisse oder ins Exil. Millionen wurden und werden immer noch von Mehrheitsreligionen vertrieben im Namen einer Gottheit, die in den Erzählungen und Ursprungsmythen angeblich „reine" Gottesdienste fordert und eine „widerspruchsfreie Theologie" einklagt. So behauptet es jedenfalls das wenig göttliche „Bodenpersonal". Ihre Dogmen und Katechismen, so hilfreich sie in bestimmten Situationen und Zeiten sein können, haben dennoch allesamt ein Verfallsdatum. Doch das war und ist meist schon überschritten, wenn ihre „Wahrheiten" veröffentlicht und zu verpflichtenden Glaubenssätzen in Katechismen oder liturgischen Gebeten der Kirchen bzw. der Religionen gerinnen.

Im Blick auf die blutige Geschichte religiöser Überzeugungen, menschenverachtender Religionskriege, die, oft angeheizt durch Repräsentanten der Religion, Millionen Menschen das Leben gekostet haben, liest sich das so anspruchsvolle Experiment „Religion" auch als eine große Schuldgeschichte. Religionskriege „in Gottes Namen" waren und sind bis heute die blutigsten und grausamsten Auseinandersetzungen unter Menschen. Sie endeten und enden mit der Niederlage aller – schließlich auch der Gottheit, die sie angeblich verteidigen wollen. Keine Religion behält dabei eine „weiße Weste". An den Händen jeder Religion klebt heute das Blut Andersdenkender – der Häretiker und Abweichler vom Hauptstrom der herrschenden „Zivilreligion". Aber gerade die Querdenker tragen, würde ihre prophetische Stimme gehört, zur Reinigung und Umkehr, zur Humanisierung der Religion bei. Aber ihre Stimmen aus den Kerkern der Religionen wurden und werden oft nicht gehört – im Gegenteil: Sie werden immer noch bekämpft und oft liquidiert.

Es ist dabei zugleich die menschenfreundliche und universale Stimme Gottes, die nicht mehr gehört und zum Schweigen gebracht wird. Deshalb ist es Aufgabe jeder Zeit und Theologie, Gottes gute und auch widerständig-prophetische Stimme aus dem jeweiligen „Kirchenknast" (Gottfried Bachl) zu befreien und durch prophetische Frauen und Männer menschennah in Erinnerung zu rufen.

Der Streit in den „Kinder- und Klassenzimmern der Religionen", welcher Gott denn größer, wahrer und schöner sei, muss eines Tages scheitern. Er ist deshalb eine Karikatur, weil er Gott – oder das Göttliche – zum Objekt von Überlegungen, Überzeugungen und Konfessionen und am Ende sogar von Statistiken macht. Deshalb sucht der Religionsstreit auch das göttliche Geheimnis nicht eigentlich zu ergründen, sondern er tut so, als sei das (von einigen Auserwählten) für alle längst geschehen. Als ginge es nur noch um die Frage der zeitgemäßen Vermittlung, für die sich allein der Mensch zuständig fühlt. Der auf diese Weise entmündigten Gottheit entspricht der entmündigte Mensch. Er ist das Ergebnis einer Religionslehre, die sich völlig übernimmt, wenn sie Gott vor allem und fast ausschließlich zu einem Problem zeitgemäßer Verkündigung macht: „Wie sag ich's meinem Kinde?" – gewiss eine wichtige Frage vieler Eltern, Pädagog/-innen und auch Theolog/-innen, die sich um eine religiöse Erziehung über die Kindheit hinaus bemühen und sie im Heute gestalten wollen. Aber ehe nach religionspädagogischen oder pastoralen Hilfen gefragt wird, muss die Gottesfrage selbst gestellt werden. Es wäre die Stunde, sich (mit Kindern und Heranwachsenden) auf die aufregende, gemeinsame Suche nach dem göttlichen Geheimnis zu machen. Denn „Gott liebt es, sich zu verstecken" (Blaise Pascal). Wobei Kinder oft die besseren Entdeckungen machen als ihre großen Begleiterinnen und Begleiter. Und dabei sogar weiterführende Antworten finden.

Die Horeberfahrung: Warum wahre Gottrede das hauchdünne Schweigen in sich trägt

„das rettende wort unerhört
im atem des DU"

Eigentlich könnte der Prophet Elija mit dem Ergebnis am Karmel zufrieden sein: Der Baalskult hat sich als ohnmächtig erwiesen. Der „Baals-Stier" ist enthauptet. Der für die vorherrschende Religion unbekannte Gott Israels triumphiert als mächtiger Sieger und die fremde Priesterschaft ist tot. Das „Kinderzimmer" ist gesäubert, der Prophet hat seinen Dienst getan. Der Religionsfriede in der eigenen Volksgemeinschaft scheint hergestellt. Scheint. Aber das Gegenteil ist der Fall. Denn das Sieger-Verlierer-Spiel, auch zwischen den Religionen, ist ein Rondo, das sich immer wiederholt und nie an ein Ende kommt. Aus dem kopflosen Rumpf des „Religions-Drachen" wachsen immer sieben neue Köpfe nach, sagt der Mythos.

Natürlich gibt die syrophönizische Anhängerin ihres heimischen Baals-Kults, die Königin Isebel, keine Ruhe. Ihre eigene Autorität ist in Frage gestellt. Sie kann den Propheten nicht gewähren lassen. Denn der Gott-Sieg des Propheten über Baal ist gleichzeitig die Niederlage der Königin in ihrem Kampf gegen den Propheten. Sie schwört Rache. Der Prophet gerät dabei in eine tiefe, depressive Krise. Angst befällt ihn. Gerade triumphiert er noch als Sieger. Jetzt läuft er weg. Der biblische Text, der uns vorerst hier noch weiter begleiten kann, erzählt nämlich: „Ahab erzählte Isebel alles, was Elija getan, auch dass er alle Propheten mit dem Schwert getötet habe. Sie schickte einen Boten zu Elija und ließ ihm sagen: Die Götter sollen mir dies und das antun, wenn ich morgen um diese Zeit dein Leben nicht dem Leben eines jeden von ihnen gleich mache. Elija geriet in Angst, machte sich auf und ging weg, um sein Leben zu retten. Er kam nach Beerscheba in Juda und ließ dort seinen Diener zurück. Er selbst ging eine Tagereise weit in die Wüste hinein. Dort setzte er sich unter einen Ginsterstrauch und wünschte sich den Tod. Er sagte: Nun ist es genug, Herr. Nimm mein Leben; denn ich bin nicht besser als meine Väter. Dann legte er sich unter den Ginsterstrauch und schlief ein. Doch ein Engel rührte ihn an und sprach: Steh auf und iss! Als er um sich blickte, sah er neben seinem Kopf Brot, das in glühender Asche gebacken war, und einen Krug mit Wasser. Er aß und trank und legte sich wieder hin. Doch der Engel des Herrn kam zum zweiten Mal, rührte ihn an und sprach: Steh auf und iss! Sonst ist der Weg zu weit für dich. Da stand er auf, aß und trank und wanderte, durch diese Speise gestärkt, vierzig Tage und vierzig Nächte bis zum Gottesberg Horeb. Dort ging er in eine Höhle, um darin zu übernachten" (1 Kön 19,1–8).

Das Vertrauen des Propheten in den Gott Israels ist durch seinen Sieg über die Baalspriester offensichtlich nicht größer geworden. Spürt Elija gar, dass sein Weg sowohl eine religiöse wie auch theologische Sackgasse ist? Die Sprache, der sich Elija bedient, ist die Sprache der Gewalt und des Todes. Sie ist nicht dazu angetan, Menschen von einer lebensförderlichen Gottheit zu überzeugen. Die Baals-Anhängerin reagiert mit Gegengewalt. Isebel gibt nicht auf. Sie droht mit Vergeltung. Die Schande der Karmelniederlage muss weg. Um Baals willen und um ihretwillen.

Für Elija bleibt vorerst nur die Flucht ins sichere Ödland – und in die Depression. Die Aggression, die er dem Baalskult entgegengebracht hat, richtet er nun gegen sich selbst. Er geht in die Wüste und wünscht sich den Tod. Ähnlich reagiert in einer anderen, späteren Geschichte biblischer Bücher der Prophet Jona. Auch er könnte triumphieren. Ninive ist auf seine Bußpredigt hin „in Sack und Asche" gegangen (vgl. Jona 3,4–10). Also eine „Erfolgsgeschichte". Aber auch er sitzt am Ende völlig „angefressen" unter einer Rizinusstaude. Auch er kann seinen „Sieg" nicht genießen. Ninive hat sich bekehrt und über ihn gesiegt, weil es gegen Jonas Willen die Barmherzigkeit Gottes an sich geschehen lässt. Ob Jona sich auch bekehrt? Ob er das Erbarmen Gottes für die große, feindliche Stadt akzeptiert? Nachdem Gott sich noch mal bei ihm meldet. Um Verständnis wirbt. Aber die Erzählung bleibt bei der Rede Gottes stehen. Hört einfach auf. Damit ruft sie zur persönlichen Stellungnahme auf. Wie steht es mit der Barmherzigkeit den Fremden gegenüber? Die nicht dem eigenen Gott-Verständnis, den eigenen Gottesbildern und den eigenen Welterklärungen folgen? Was bedeutet im Mund von Politikerinnen und Politiker die Rede von einer „Leitreligion" mit oder ohne Kreuz?

Auf göttliches Eingreifen und Drängen hin muss Elija seinen Weg fortsetzen – bis an den Horeb/Sinai. Ihn auf diesen kreativen, lebensförderlichen Weg zu bringen scheint selbst für einen Engel Gottes nicht ganz einfach zu sein. Zweimal wird der Engel aktiv. Nach der ersten Aufforderung isst und trinkt der Prophet zwar, aber er legt sich wieder hin. Auffällig, dass der Engel Gottes kein empathisches Gespräch mit dem Todmüden führt. Er bedauert ihn nicht, macht ihm aber auch keinen Vorwurf. Er bringt ihm wortlos, ohne religiöses Gerede, das, was er „brotnötig" für seinen weiteren Weg braucht. Und der ist verbunden mit dem Auftrag zu gehen.

Ähnliche Erzählstrukturen finden sich wieder in neutestamentlichen Ostererzählungen. Ob Jesus im Grab auch von einem Engel angestoßen und geweckt das Wort hört: Iss und trink, denn dein Weg ist noch weit? Das Matthäusevangelium deutet solches an: „Plötzlich entstand ein gewaltiges Erdbeben; denn ein Engel des Herrn kam vom Himmel herab, trat an das Grab, wälzte den Stein weg und setzte sich darauf. Seine Gestalt leuchtete wie ein Blitz und sein Gewand war weiß wie Schnee" (Mt 28,2f.).

Nach der Auferstehung beginnt ein neuer, langer und noch längst nicht vollendeter Weg. Der Weg Jesu mit seiner Kirche. Und er hat zugesagt, dass er ihn mitgeht.

Bei „Auftragsgesprächen" Gottes hat der Mensch offenbar das Recht zu zögern. Einspruch zu erheben. Doch schließlich wird er den Auftrag ausführen (vgl. Mose, Jesaja, Jeremia – und auch Maria, Joseph, Paulus und selbst Jesus).

Dort, wo für das Volk Israel die Gott-Rede und seine Liebesgeschichte einmal angefangen haben, dorthin, zum Horeb/Sinai, muss der Prophet wandern. An den Ursprung. In eine Höhle muss er gehen, in den „Mutterschoß" der Erde. Welche Symbolik! Damit wird eine Auferstehungsgeschichte vorbereitet. Sie vollendet sich später in der Sendung des Propheten. Doch bis für ihn, den Todmüden, seine Höhle zum „leeren Grab“ wird, bis dahin hat er noch einen weiten Weg zurückzulegen. Es ist der Weg des Volkes Israel aus seinen mythischen Anfängen, an die die Geschichte erinnert – mit allen Höhen und Tiefen in der Zeit der Ödnis, der Wüste. In der Rückschau wird der Prophet Hosea diese Jahre als intensivste Zeit der Intimität zwischen Gott und seinem Volk erkennen. Eine Zeit der Hoffnung und Ängste mit Brot und Wasser und der Zahl 40, die für Israel in der Wüste zum heiligen Zeitmaß wird.

Dort, in der Höhle, trifft Elija die entscheidende Frage, die ihn aus seinem selbst gewählten „Grab“ herausfordert. „Doch das Wort des Herrn erging an ihn: Was willst du hier, Elija? Er sagte: Mit leidenschaftlichem Eifer bin ich für den Herrn, den Gott der Heere, eingetreten, weil die Israeliten deinen Bund verlassen, deine Altäre zerstört und deine Propheten mit dem Schwert getötet haben. Ich allein bin übriggeblieben und nun trachten sie auch mir nach dem Leben. Der Herr antwortete: Komm heraus und stell dich auf den Berg vor den Herrn!“ (1 Kön 19,9–11).

Die große Not eines Propheten ist hier in wenigen Worten eingefangen: Sein Eifer, sein Engagement für die Sache Gottes, für den Bund mit ihm, für seinen Gottesdienst und für die erlebte Vergeblichkeit. Der Prophet fühlt sich von Gott und den Menschen verlassen. Mehr noch: Alle sind seine Gegner geworden – auch Gott (vgl. Hiob 12–14). Er will einfach nicht mehr leben. Ein sehr „modernes“ Gefühl vieler in der Pastoral müde gewordener Frauen und Männer. Von Kirchenleitungen werden Mitarbeiterinnen und Mitarbeiter in neue, von oben verordnete „Pastoralstrategien und -strukturen“ hineingezwungen. Sie wurden und werden vorher nicht gefragt. Viele sind erschöpft und möchten ihren Dienst beenden, weil sie in den wechselnden Methoden nur Verlegenheitslösungen sehen, Lösungen für „einen Tag“. Sie leben, wie Jona, längst in innerer Distanz und haben nicht mehr die Kraft, selbst mitzugestalten und Entwicklungen zu beeinflussen – vor allem, wenn sie sehen, wohin manche Fehleinschätzungen und pastorale Irrwege oder halbe Lösungen der Kirchenleitungen führen. Sie nehmen bestenfalls noch einen Beobachterstatus ein und vergraben sich in ihren Kerngemeinden – auch in Sorge um ihre Anstellung und damit um ihre Familien.

Elija wird mit göttlicher Stimme herausgefordert: „Komm heraus und stell dich … vor den Herrn!“ (1 Kön 19,11).

Zunächst scheint alles wie am Anfang der Volksgeschichte Israels am Horeb/Sinai – oder auch am Berg Karmel – zu sein: Sturm, Erdbeben, Feuer. Eine Theophanie? Eine gewaltige Gott-Schau in Macht und Herrlichkeit? Damit alle erkennen können, wer der wahre Gott ist? Damit Elija Gott erkennen kann und ihn nicht mit einem Dämon verwechselt? Religionsvergleich im großen Spektakel? Wahrheitsfindung in überwältigender Größe und machtvoller Demonstration? Wer kann da noch gegen an? Der Mensch muss in die Knie gehen. Gegenüber dem Karmel-Ereignis wäre das aber in Wahrheit für Elija am Horeb/Sinai kein theologischer und spiritueller Fortschritt. Es wäre nur eine Wiederholung – jetzt mit dem Gott Israels; am Karmel hieß er Baal.

Der Unterschied liegt, und darauf ist Elija nicht vorbereitet, nicht im größeren, schöneren, mächtigeren Ereignis. Elija erlebt verstörend Neues. Er wird mit Widersprüchlichem konfrontiert. Das Sinai/Horeb-Ereignis wird buchstäblich in die Vorläufigkeit entlassen: Sturm, Erdbeben, Feuer, die theophanen und sinnenfälligen Zeichen des Horeb/Sinai-Geschehens und auch des Karmel, sind zu Zeichen der Vergangenheit, einer früheren Entwicklungsstufe geworden, eben der religiösen „Kinderstube“, die für die Anfänge einer Religion wichtig sein mögen. Doch jetzt geht das alles dem Herrn voraus: „Doch der Herr war nicht im …“ (1 Kön 19). Weder Sturm noch Erdbeben noch Feuer sind jetzt Anzeichen des Göttlichen. Sie werden „Vorläufer“. Die Gotteserscheinung „in Macht und Herrlichkeit“, die große Inszenierung war offenbar nötig, aber vorläufig, und gehört ins frühe Stadium der Volks- und Religionsbildung Israels, wie gesagt, in seine „Kindheit“. Jetzt begegnet dem Propheten die Gottwirklichkeit völlig anders – so, wie sie schon Mose im Dornbusch unerwartet anders und in der Ohnmacht des Unscheinbaren und Niedrigen erscheint – im Widersprüchlichen (vgl. Ex 3,23–4,37). Sie wird von Elija in einer tief mystisch-paradoxalen Erfahrung erlebt, in einer Begegnung, die in sich widersprüchlich zu sein scheint: Kol d'mamá dakká (Stimme einer hauchdünnen Stille/Stimme eines unhörbaren Lautes, so könnte man diese einmalige Formulierung in 1 Kön 19,12 übersetzen). Akustisch und doch unhörbar.

„Da zog der Herr vorüber: Ein starker, heftiger Sturm, der die Berge zerriss und die Felsen zerbrach, ging dem Herrn voraus. Doch der Herr war nicht im Sturm. Nach dem Sturm kam ein Erdbeben. Doch der Herr war nicht im Erdbeben. Nach dem Beben kam ein Feuer. Doch der Herr war nicht im Feuer. Nach dem Feuer kam ein sanftes, leises Säuseln. Als Elija es hörte, hüllte er sein Gesicht in den Mantel, trat hinaus und stellte sich an den Eingang der Höhle“ (1 Kön 19,11–13a).

Die (göttliche) Stimme ist sprachlos, sie ist „ein Atemholen Gottes“, unhörbar für das äußere Ohr, aber nicht für das innere. Der Atem Gottes, tiefer noch, sein Atemholen gewährt sich dem in der Ödnis bedrückten, aber geöffneten Menschen. Aber ist der Mensch überhaupt in der Lage, dieses Atemholen Gottes in Stille wahrzunehmen? Es gehört sehr viel theologischer und spiritueller Mut dazu, eine Gotteserfahrung in dieses Bild zu bringen. Denn darin liegt der Verzicht auf alle „Macht und Herrlichkeit“, bei der gerne „donnernde“ Naturmächte wie am Horeb/Sinai oder am Karmel bemüht werden. Hier kommt eine „theologia negativa“ zu Wort, wie schon beim Dornbusch (vgl. Ex 3,4–6), die das Machtvolle hinter sich lässt. Sie sucht Gott im hauchdünnen Schweigen, gewissermaßen in der Ohn-Macht, im Nicht der Mystiker/-innen. Im Nicht eines Dornbuschs, der hinterfragt werden muss. Und sie sucht auch eigentlich nicht mehr, sie wird heimgesucht. Dieser Nicht-Theologie widerfährt Gottes beredtes Schweigen. Der Mensch ist reiner Empfänger.

Die neutestamentlichen Schriften werden sich Jahrhunderte später auf diese Offenbarungsweise Gottes im Jesus-Ereignis beziehen. In der Ohnmacht des am Ende Ausgelieferten und dem Verstummen vor seinen Richtern kommt der Gott des Elija bei Jesus „zur Sprache“. Nichts Überwältigendes steht da zwischen dem Gesalbten Gottes, dem Messias, und seinen menschlichen Schwestern und Brüdern, auch wenn Johannes der Täufer ihn mit und im Feuer ankündigt (vgl. Mt 3,11 f.). Seine Sprache ist die kleine, große mitmenschliche Sprache, sind menschlich berührende Gleichnisse, wahrscheinlich erzählt in der damals üblichen, aramäischen Alltagssprache. Es sind Zeichen und Gesten von Nähe, die aber eine Glaubensentscheidung nicht abnehmen. Im Gegenteil: Sie fordern sie mehr denn je heraus, wenn mit dem „Großereignis Gott“ in einer gewaltigen Gotterscheinung gerechnet wird. Doch das Atemholen Gottes geschieht in säkularer Landschaft, sogar in „dämonischer“, wie der Wüste, und an heiligen Orten und Tempeln. Die leise Sprache des „verschwebenden Schweigens“[3] kann der Mensch überhören, weil sie „nicht zankt und schreit und auf den Straßen nicht zu hören ist“ (Mt 12,19; vgl. Jes 42,1–4). Weil sie auch die Sprache der Nachbarin, des Nachbarn in den Alltagsreden über Krankheit und Beziehungsbrüche oder auch über Gelungenes und Geglücktes ist, dennoch verwechselbar und Quelle vieler Missverständnisse. In der Person und menschlichen Sprache des Messias Israels und der Völker liefert sich das Göttliche völlig jedweder menschlichen Sprache bis in die Widersprüchlichkeit aus, wird hörbar und überhörbar, wird verständlich und wird doch missverstanden, weil es in der Vielfalt der Worte und einer geformten, erzählerischen Sprache erklingt und nicht in religiösem Sondersprachgewand „mit Pauken und Trompeten“ – wie etwa in einer feierlichen Liturgie. Und auch nicht in der „Zungensprache“ geisterfüllter Pfingstler. Aus seiner immer zeitbedingten Sprache, immer wieder übersetzt und übertragen in andere Sprach- und Bildsymbole, will das Wort seinem universalen Anspruch zu jeder Zeit genügen. Durch solche Übertragungen in andere Sprachen, Zeiten und Rahmenbedingungen verändert sich das Göttliche aber ständig in Form und Gestalt und bekommt viele Farben und Facetten, die andererseits viele irritieren, weil sie Eindeutigkeit erwarten.

Seit mit dem Propheten Elija am Horeb das „hauchdünne Atemholen Gottes“ verbunden wird, ist das Sprechen mit und über Gott endgültig in die Krise geraten. Ein einheitlich hohes und omnipotentes Gottesbild lässt sich biblisch nicht mehr rechtfertigen. Gotteserfahrung geschieht fortan in sehr unterschiedlichen Weisen, so dass schon die Behauptung einer einheitlichen Gottessystematik von Ignoranz zeugt. Gotteserfahrung wird dort am ehesten glaubhaft, wo sie aphoristisch, bruchstückhaft zu Wort kommt. Und immer ihre subjektive Seite mitreflektiert. Eine systematisch erfasste Gottheit ist nie die lebendige Gotteserfahrung biblischer Menschen.

Der Damaskusauftrag: Warum im „hauchdünnen Schweigen" dennoch die Frage: Was willst du hier, Elija? laut wird

„das wort zwischen dir und mir
schafft bildräume“

Noch immer ist die Gott-Erfahrung des Elija, die am Karmel ihren Anfang nahm, nicht vollendet. Sie enthält einen Auftrag. Einen göttlichen. Immer bleibt der biblische Gott das handelnde Subjekt. Immer geht die Initiative, auch in der gestellten Aufgabe, von ihm aus. Denn biblische Gotteserfahrungen sind auch daran zu erkennen, dass sie einen Auftrag in sich tragen. Sie dienen nicht der persönlichen, religiösen Erbauung des prophetischen Menschen, der dadurch anderen etwas voraushätte, das sie nicht haben. Zentrale biblische Figuren werden in und durch ihre Gotteserfahrung immer Träger einer Botschaft, die an die vielen weitergesagt werden muss. Im Auftrag des Elija liegt eine erneute Herausforderung für den Propheten: Er wird zurückgeschickt. Aber er wird zunächst nicht in eine erneute Auseinandersetzung mit dem Baalskult in seiner samaritischen Heimat, dem Nordreich Israels, gestoßen. Der göttliche Auftrag drängt ihn ins Feindesland – zum König von Damaskus. Offenbar kennt der Gott Israels menschlich-nationale Grenzen nicht. Offenbar kennt er auch die Grenze zwischen Gott und Mensch nicht immer. Inkarnation Gottes ist ein Thema göttlicher Grenzüberschreitung, die lange vor der neutestamentlichen Zeit beginnt. Denn der Gott Israels ist auch der Gott der Feinde Israels, er lässt sogar den Feind durch seinen Propheten salben. Und so können auch Feinde als „Hirten" und „Gesalbte" des Herrn bezeichnet werden, wie „der König der Könige" – Kyros von Persien (vgl. Jes 44,28;45,1). Die Situation hat sich durch neue und positive Erfahrungen im Exil verändert: Die alten Feind- und Freundesbilder passen nicht mehr. Die späteren Jona- und Rut-Geschichten zielen in eben diese Richtung. Mit Tamar, Rahab, Rut und der Frau des Urija wird an vier Ausländerinnen im Stammbaum Davids und so im Stammbaum Jesu erinnert (vgl. Mt 1,3.5.6). Israel und die Völker – das war für Israels Theologie stets eine große Herausforderung: Aus einem nomadischen Stammesgott einen Gott Israels und der Völker theologisch und religiös zu er- und bekennen und theologisch zu begründen. Das Universalbild seines Gottes hat Israel, soweit wir heute wissen, vor allem im babylonischen Exil, in der Mitte des ersten Jahrtausends vor unserer Zeitrechnung, und in Krisensituationen theologisch tiefer entwickelt. Es war gleichzeitig ein „Entdämonisierungsprogramm" (Pinchas Lapide) der Glaubensfeinde, denn auch diese können „Werkzeug" in einem göttlichen Heilsplan sein.

Der biblische Text erzählt: „Da vernahm er eine Stimme, die ihm zurief: Was willst du hier, Elija? Er antwortete: Mit Leidenschaft bin ich für den Herrn, den Gott der Heere, eingetreten, weil die Israeliten deinen Bund verlassen, deine Altäre zerstört und deine Propheten mit dem Schwert getötet haben. Ich allein bin übriggeblieben und nun trachten sie auch mir nach dem Leben. Der Herr antwortete ihm: Geh deinen Weg durch die Wüste zurück und begib dich nach Damaskus! Bist du dort angekommen, salbe Hasaël zum König über Aram! Jehu, den Sohn Nimschis, sollst du zum König von Israel salben und Elischa, den Sohn Schafats aus Abel-Mehola, salbe zum Propheten an deiner Stelle" (1 Kön 19,13b–16).

Das hauchdünne Schweigen füllt sich mit einer Frage. Es ist ein geradezu sicheres Zeichen einer göttlichen Frage, dass sie in einem Raum der Stille hörbar wird. Nur da, wo der Mensch diese Stille sucht, erlebt und aushält, werden seine tiefen Fragen aufsteigen, die schon lange in ihm ruhen und dann am Ende auch von ihm wahrgenommen werden können. Denn im „Kinderzimmer der Religionen" geht es viel zu laut zu, um solche Fragen überhaupt zu vernehmen. Im gegenseitigen Übertrumpfen trägt jede Religion nur die eigene Stimme in der Weise rechthaberischer Behauptung vor und lässt sich nicht in Frage stellen. Das würde nämlich, so die Befürchtung, nur die eigene Position schwächen. „Sieger" lassen keine Fragen zu. Sie haben selbst keine (mehr) und wollen auch keine von den Besiegten hören. Die Sprache der Sieger ist das Verhör. Denn mit dem Sieg scheinen die Fragen beantwortet – und der Irrtum, der in jedem Sieg steckt, hat gewonnen. Dieser Gewinn aber ist das Gegenteil von jenen Fragen und Antworten, die uns der Wahrheit näherbringen, auch der

Wahrheit des eigenen Lebens. Denn die Wahrheitsfrage ist eine Beziehungsfrage. Die Antwort auf die Frage des Pilatus „Was ist Wahrheit?“ (Joh 18,38) bleibt letztlich blutleer und erreicht den Menschen existentiell in seiner Tiefe nicht. Deshalb korrigiert Jesus Pilatus im Johannesevangelium nachsichtig. Allerdings geht der „Philosoph“ Pilatus auf dieses neue Verständnis der Wahrheitsfrage nicht ein und endet in einem blutigen Urteil.

Zum wiederholten Mal hört Elija das Wort: „Was willst du hier, Elija?“ Doch erst jetzt kann er sich dieser Frage stellen. Weil er sie erst jetzt richtig hören kann. Seine Antwort ist aber nicht irgendein dahergesagtes Ja-Wort. Elija bricht auf. Geht! Die Antwort auf die gehörte Frage Gottes an ihn beginnt bei ihm erneut mit einem Aufbruch. Einem ersten Schritt nach vorne. Jetzt ist es keine Flucht mehr, wie nach dem Massaker an den Baals-Priestern. Jetzt ist es ein Aufbruch mit göttlichem Auftrag. So bricht Mose auf zu seinem Volk und in Ägypten mit seinem Volk. So bricht David, das jüngste Kind des Bethlehemiters Isai, zu seinen Brüdern auf, die für König Saul Krieg gegen die Philister führen (1 Sam 16f.).

Elija geht ins feindliche Damaskus, um dort den König der Aramäer, Hasaël, zu salben. Die Antwort auf Gottes Anrede beginnt mit diesem Weg ins nicht-jüdische Land, also über die vertraute Grenze hinaus – und sie beginnt, wie so oft, mit einem Aufbruch, dem Verlassen eines alten Standpunktes – im wörtlichen und übertragenen Sinn. Das Ziel, völlig überraschend, ist die Großmacht Damaskus, die ständige Bedrohung für den Nordosten Israels. Elija wird tatsächlich zum Todfeind geschickt. Fortan wird es dort einen königlichen „Gesalbten des Herrn“ geben. Erst nach der Salbung des Feindes wird

Elija auch seinen Landsleuten begegnen. Jehu von Israel soll er nach seinem Damaskusauftrag zum König salben, aber sich auch um seinen prophetischen Nachfolger (Elischa) kümmern.

Offenbarungen Gottes in der Bibel haben sehr häufig eine Bewegung auf alle hin und eine Botschaft auf alle hin. „Privat-Offenbarungen“, wie sie in der Neuzeit im Zeichen des modernen Individualismus behauptet werden, kennt die Bibel nicht. In jeder Begegnung mit der Gottheit liegt auch ein Auftrag, der sich auf das Ganze richtet. Prophetische Menschen sind ein Medium, durch das die göttliche Wirklichkeit zu vielen Menschen spricht. Gerade das macht es für die Prophetinnen und Propheten so schwer, weil sie sich vor den Folgen ihres öffentlichen und Grenzen sprengenden Auftretens mit dem Auftrag eines Gotteswortes fürchten. Denn das, was sie zu sagen haben, will oft von „den vielen“ nicht gehört werden – oder steht so im Gegensatz zur allgemeinen Überzeugung, dass es als „Ärgernis“ oder „Torheit“ (vgl. 1 Kor 1,23) bekämpft oder abgetan wird. So sind häufig Priester und Theologen die „natürlichen“ Gegner der Prophetinnen und Propheten, weil das Charismatisch-Prophetische nicht kontrolliert werden kann, sich weder an „heilige“ Orte und Riten binden lässt noch zwischen Frauen und Männern einen Unterschied macht. Auch bittet es nicht um Erlaubnis bei Kontrollinstanzen der Religion. Es bricht in die Wirklichkeit ein und nimmt keine Rücksicht auf Privilegien. Damit aber wird es für die offizielle und etablierte Religion unberechenbar und gefährlich.

Die Galiläaerfahrung: Warum die Gottrede durch das Wort Jesu an den Rändern noch eine neue Dimension bekommt

„Mein Haus soll ein Haus des Gebetes für alle Völker sein" (vgl. Jes 56,7; Mk 11,17 par)

Die Gottrede, das Reden von und über Gott oder auch die Rede Gottes selbst, wie auch immer der Mensch sie wahrnimmt, erhält in der neutestamentlichen Überlieferung eine Zuspitzung. Das prophetische Wort des Ersten Testamentes unterscheidet sehr wohl zwischen Gottes- und Menschensprache. Es benennt dafür auch Kriterien (vgl. Dtn 18,5–22). Jesus spricht nach den Evangelien „wie einer, der Vollmacht hat, nicht wie die Schriftgelehrten" (Mk 1,22 u.ö.). Denn Menschen, denen er begegnet und etwas zu sagen hat, erleben sein Sprechen als ein ganz und gar menschliches Sprechen. Aber sie erleben es in einer Weise, wie sie es von Schriftgelehrten so nicht kennen. Deshalb stellt sich sofort die Frage: Was war denn das Unterscheidende in seiner Rede, das ihn aus der „normalen" Schar der Schriftinterpreten herausgehoben hat? In einem ersten Auftritt Jesu in der Synagoge von Kafarnaum an einem Sabbat finden sich einige Hinweise, die zu einer Antwort führen könnten. Markus gestaltet die Szene so: „Sie kamen nach Kafarnaum. Am folgenden Sabbat ging er in die Synagoge und lehrte. Und die Menschen waren sehr betroffen von seiner Lehre; denn er lehrte sie wie einer, der (göttliche) Vollmacht hat, nicht wie die Schriftgelehrten. In ihrer Synagoge saß ein Mann, der von einem unreinen Geist besessen war. Der begann zu schreien: Was haben wir mit dir zu tun, Jesus von Nazaret? Du bist gekommen, um uns ins Verderben zu stürzen. Ich weiß, wer du bist: der Heilige Gottes. Da befahl ihm Jesus: Schweig und verlass ihn! Der unreine Geist zerrte den Mann hin und her und verließ ihn mit lautem Geschrei. Da erschraken alle und einer fragte den andern: Was hat das zu bedeuten? Hier wird mit Vollmacht eine ganz neue Lehre verkündet. Sogar die unreinen Geister gehorchen seinem Befehl. Und sein Ruf verbreitete sich rasch im ganzen Gebiet von Galiläa" (Mk 1,21–28).

„Unreine" Geister schreien. Sie verwechseln Lautstärke mit Überzeugungskraft. Weil die Lüge sich ihrer selbst nicht sicher ist, tritt sie umso frecher an die Öffentlichkeit. Sie blendet. Und sie tut es, indem sie auch Elemente von Wahrheit unter die Unwahrheit mischt. So hat Propaganda, auch religiöse, immer funktioniert und viele Menschen verführt – in dieser Mischung von Lüge und Wahrheit. Die Wahrheit liegt in der Rede des Synagogenbesuchers in den Worten: „Ich weiß, wer du bist: Der Heilige Gottes." Aber aus seinen Worten spricht Angst: „Du kommst, uns ins Verderben zu stürzen!" Und da fängt die Lüge schon an. Der „unreine" Geist unterstellt sofort ein negatives, destruktives Motiv, weil er selbst nur das Dunkle und Negative denken kann. In der Auseinandersetzung wird er gewalttätig, weil er den „Besessenen" nicht loslassen will. Er will ihn zerstören und ahnt im „Heiler" für sich eine tödliche Gefahr. (Wie lange dauert oft ein geistlicher Prozess, wenn sich ein Mensch von seiner Gottes- oder auch Jesus-Angst, einem religiösen Lügengespinst, nur sehr schmerzlich löst?)

Dagegen stellt der Evangelist die Gestalt Jesu. Es ist Sabbat. Wer am Sabbat in die Synagoge geht, wird in vielfacher Weise mit seiner religiösen Tradition konfrontiert. Sie liegt vor allem in den Gottesbildern, die der Sabbat in seinen Texten vermittelt. Zusammengefasst sind es vier große Gottesbilder, an die der Sabbat zur Zeit Jesu in seinen Lesungen und Gebeten erinnert: Gott-Schöpfer, Gott-Befreier (Exodus), Gott-Geber der Tora und Gott-Bundespartner seines Volkes. Um diese vier großen Gottesbilder bewegen sich alle anderen, ob es nun der Hirten-Gott oder der Richter-Gott ist, sie haben alle einen Bezug zu dem Gott, der Israel auf seinem schwierigen Weg von Anfang an begleitet und immer wieder vor der Vernichtung rettet. Diesen befreienden Gott des Exodus feiert die Liturgie am Sabbat und gibt ihm die Ehre. So müsste eigentlich in der Synagoge eine angstfreie Atmosphäre vorherrschend sein. Aber durch das Eintreten des Wanderpredigers aus Nazaret und seine Schriftauslegung wird die bis dahin verdeckte Angst hörbar laut.

Wenn Jesu Auslegung der Tora auch nicht im Wortlaut aufgezeichnet ist, dann geht es doch seit seiner charismatischen Gotteserfahrung am Jordan bei Johannes dem Täufer immer um diesen rettenden Gott Israels. Der Grundton der Auslegung liegt in der Überzeugung Jesu, dass die Zeit gekommen ist, in der Gott selbst in größter Unmittelbarkeit sein Volk in Freiheit leitet, „denn sie waren wie Schafe, die keinen Hirten haben" (vgl. Mk 6,34; Ez 34,5). Wie konnte Jesus, wenn wir den Evangelien folgen, zu dieser barmherzigen Sicht auf Gott und Menschen kommen?

Zum einen hatte er als Bauschreiner bei seinen baulichen Gelegenheitsarbeiten die Last kennengelernt, die auf den Schultern der Menschen lag. Er gewann ein hohes Maß an sehr unterschiedlichen Erfahrungen mit Juden und Nicht-Juden, meist ausländischem Personal des römischen Besatzers. Hohe Steuern waren zu entrichten, um die Kassen der Herodes-Herrscher und der römischen Besatzer zu füllen. Hinzu kamen große Agrarabgaben an die römische Besatzung, so dass den Bauern oft nicht viel übrig blieb, um die eigene Familie zu ernähren, geschweige denn durch Verkauf Gewinne zu machen. Und auf den Menschen lagen, je nachdem welchem Schriftkundigen sie „ausgeliefert" waren (oder sich ausgeliefert hatten), schwere und dunkle Schriftinterpretationen. Denn in bedrückenden und gesellschaftlich und politisch unruhigen Zeiten greifen nicht selten apokalyptische Stimmungen des Untergangs um sich. Mit einem bevorstehenden Gottesgericht über die Feinde Israels, mit vorausgehenden messianischen Kämpfen, mit Vernichtungsphantasien und einem Gotteskampf gegen die Feinde des Tempels wurde zeitweise von der Gemeinschaft in Qumran, aber auch anderen jüdischen Theologen und Priestern – oft gegeneinander – gedroht. Unheil lag in der Luft der südsyrischen Provinzen Galiläa und Judäa. Taub, blind, lahm, ja tot standen sich viele Menschen in dieser Situation gegenüber. Gleichzeitig sprach die römische Besatzer-Rhetorik vom großen Frieden, den Rom und der Kaiser der von Rom beherrschten Welt bringen wollten. In Rom aber waren Mord und Totschlag an der Tagesordnung, denn selbst die Kaiser waren ihres Lebens in jenem Jahrhundert nicht sicher; einige wurden vergiftet oder niedergemacht, andere töteten sich selbst. Wer starb, war keines natürlichen Todes gestorben, sagte das gesellschaftlich-populistische Gerücht. Und an den Grenzen des Reiches gebärdeten sich römische Armeen, meist mit rohen Söldnern aus der besiegten Völkerwelt zusammengestellt, übergriffig und willkürlich.

In diese Situation sprach Jesus durch Tat-Worte den Menschen Mut zu. Das konnte er nicht mit einem drohenden Gotteswort erreichen. Sein Grundton entsprach dem zweiten Teil der Jesajaschrift, die in Babylon jüdische Menschen in der Verbannung (586–538) getröstet hatte: „Tröstet, tröstet mein Volk, spricht euer Gott. Redet Jerusalem zu Herzen und verkündet der Stadt, dass ihr Frondienst zu Ende geht, dass ihre Schuld beglichen ist; denn sie hat die volle Strafe erlitten von der Hand des Herrn für all ihre Sünden“ (Jes 40,1f.).

Dass Jesus in diesem Geist sprach, hatte nicht allein in der jüdischen Tradition eine Wurzel. Entscheidend ist für die Anfangsphase des Auftretens Jesu sein Jordan-Erlebnis bei Johannes dem Täufer – nach dem Evangelisten Lukas sogar ein Verwandter Jesu. Jesus ist nicht mehr ganz jung (ca. 30 Jahre), als er zu Johannes kommt und sich, wie Lukas betont, „mit dem ganzen Volk taufen lässt“ (Lk 3,21). Er ist auf der Suche nach dem „Vater“. Matthäus legt in seinem Evangelium großen Wert darauf, dass Josef nicht der biologische Vater Jesu ist. Durch Adoption sei der davidische Stammbaum auch der Stammbaum Jesu geworden, erzählt Matthäus in einer dem Jüdischen verwandten Lehrerzählung. So steht für Matthäus Jesus einerseits in der Tradition einer schwierigen Geschlechterfolge Israels und des Judentums in einer Reihe mit ausländischen Frauen (Tamar, Rahab, Rut, die Frau des Hetiters Urija) und unfähigen, götzendienlichen Königen und ist doch auch, durch die Zeugung aus der Höhe, gleichzeitig Geist-Kind Gottes. Ein doppelter Ursprung – ganz menschlich und zutiefst göttlich.

Heute haben Wissende und Betroffene eine Vorstellung davon, was es durch Kriegs- und Flüchtlingserfahrungen sowie durch Trennungsgeschichten für Kinder bedeutet, wenn sie sich auf die Suche nach einem Elternteil oder beiden Eltern machen. Sie suchen die, denen sie ihr Leben verdanken. Mögen Adoptiveltern noch so gut sein, der Wunsch nach den biologischen Eltern wird bei vielen irgendwann laut. In seinem Jordanerlebnis, einer offenbar zutiefst charismatischen Erfahrung, „reißt“ für Jesus (endlich) der Himmel auf, und er hört die Tiefen-Stimme, die ersehnte Stimme aus der Höhe: geliebt!

„Und es geschah: In jenen Tagen kam Jesus aus Nazaret in Galiläa und ließ sich von Johannes im Jordan taufen. Und gleich, als er aus dem Wasser heraufstieg, sah er, dass die Himmel aufrissen und der Geist wie eine Taube auf ihn herabstieg. Und eine Stimme aus den Himmeln sprach: Du bist mein Sohn, der Geliebte. An dir habe ich Gefallen“ (Mk 1,9–11 parr).

Hatte Jesus auf dieses Wort bis zu diesem Augenblick gewartet? Hatte er darum gebetet? War es das Sehnsuchtswort für ihn, auf das er so lange gehofft hatte? Wurde er dadurch zum „erlösten Erlöser“? Wurde dieses Geschehen von da an für ihn zu einem Lebenswissen? Diese charismatisch vernommene „Himmels-Stimme“ verändert offenbar sein Leben so, dass er in der Folge seinen Zimmermannsberuf aufgibt und ein gottbegeisterter Wanderprediger wird. Die Evangelisten Markus, Matthäus und Lukas betonen zwar, dass Jesus zunächst vom Geist in die Ödnis geführt wird (vgl. Mk 1,12–13 parr). Eine Zeit der Prüfung stand an. Doch um welche Prüfung ging es dabei? Durfte er der Jordan-Himmels-Stimme trauen? War es nicht anmaßend, dieser Himmelsstimme „geliebt“ Glauben zu schenken? Darin lag offenbar die große Versuchung, die sich meldete: Du bildest dir die Stimme nur ein. Du bist und bleibst ein Nichts. Nicht einmal um deinen Vater weißt du. Auch und gerade in „himmlischer“

Sicht! Erst als Jesus diese diabolische Stimme, diese anklägerische „Satans-Stimme", wie das Markusevangelium sie entlarvt, in sich besiegt und sich völlig auf die Gott-Stimme verlässt, erst dann findet er seinen Weg aus der Ödnis der Versuchung und der Zweifel hinaus. Ab dann trägt er diese Stimme der Liebe mitten unter die Menschen. Eine Stimme, die er wieder und wieder gegen andere Stimmen verteidigen muss – selbst gegen die eigene Familie und theologischen Lehrer (vgl. Mk 3,20–35; 6,1–6): „Nach diesen Versuchungen ließ der Diabolos ihn für eine gewisse Zeit in Ruhe" (Lk 4,13).

„Geliebt" – ist genau das Tat-Wort, das Menschen brauchen, um sich in ihrer Existenz annehmen zu können. Es ist die göttliche Stimme, die auf unterschiedliche Weise allen zugesprochen ist und auch in allen spricht, wenn sie denn nicht verschüttet wird. Denn viele hören sie nicht mehr oder können sie nicht (mehr) hören. Ihre dunklen Lebenserfahrungen sagen ihnen das Gegenteil. Sie fühlen sich minderwertig und werden – auch in religiösen Gesellschaften und Gemeinschaften – an den Rand gestellt, wenn sie nicht aus „ordentlichen" Familien kommen: Vater unbekannt? Wie wurde über die „heilige Familie" gesprochen in einem Nazaret-Dorf? Oder gab es im Dorf noch andere Familien, in denen nur die Mütter bekannt waren – weil das Kind aus einem römischen Soldatenüberfall stammte? In der Nähe von Nazaret gab es den Ort Sepphoris, der um die Zeitenwende von römischen Soldaten überfallen und zerstört worden war; und dazu gehörte nicht nur das Zerstören der Häuser. Vergewaltigungen waren immer eine Methode der Kriegsführung – bis heute wie im Kosovo, im Irak, in Syrien und so fort –, um durch missbrauchte und am Ende ermordete

Frauen ein ganzes Volk zu demütigen und zu zerstören. Hatten so gezeugte Kinder in archaisch-religiösen Familienstrukturen überhaupt eine Chance? Und wie war das Schicksal der Mütter und Frauen? Sie waren noch zusätzlich als „Alleinerziehende" ein Leben lang gestraft. Und Kind einer „Sünderin" zu sein bedeutete ebenfalls gesellschaftlich-religiöse Ächtung. Wer konnte solche Kinder mit dem Geist Gottes in Verbindung bringen?

Jesu Auftritt in der Synagoge von Kafarnaum machte ihm gleich deutlich, wie schwer es für ihn würde, eine Gott-Sprache zu finden, die den Menschen Lebens- und Gott-Ängste nahm und sie zugleich in die rettenden Weisungen der Tora stellte. Eine Sabbatfeier in der von Männern dominierten Synagoge in Angst vor einem Fremden, der ungewöhnlich die Tora auslegte, war das Gegenteil von dem, was am Sabbat gefeiert wurde: im Licht der schöpferischen und befreienden Liebe Gottes zu stehen. Aufrecht. Und ohne Angst vor dem „Heiligen Gottes". So zu sprechen war eine neue, aber eigentlich uralte Botschaft. Die meisten Sabbattexte reden bis heute davon.

Das Dämonische, Diabolische, die Angst musste aus der Synagoge verbannt werden, damit aus dem „Gefängnis" wieder ein Ort der Freiheit wurde. Denn nur dann war er ein Gottes- und Menschen-Ort. Solange der „Dämon" Angst in der Nähe war, konnten die Menschen die Freude an der Tora nicht feiern. Für Jesus sollten sie in all der zeitlichen Not von Entbehrung, Hunger und Besatzung wenigstens vor und in Gott Frieden finden und eine Zeit des Aufatmens erleben; dafür stand er ein (vgl. Apg 3,20). Aber für einen bedrückten und erniedrigten Menschen ist es nicht leicht, die Weisungen der Tora als Ermutigung zu hören und zu verstehen. In diesem Sinne greift Jesus ein.

Er bannt den Ungeist, der schreit: „Du bist gekommen, um uns zu verderben“ (vgl. Mk 1,24). Das ist eine Todessprache, in der alle und alles untergeht. Die Synagoge wird dann zum „Gottesgrab“. Die „Entdämonisierung“ der Synagoge, ihres Gottesdienstes und ihrer religiösen Unterweisung ist im Markusevangelium eine vorweggenommene Ostergeschichte, eine Perspektive, die über die mit der Angst herrschenden Verhältnisse hinausweist. Der von der tödlichen Gottesrede befreite Raum soll wieder ein Feier-Raum werden. Der angstfreie, vom Dämonischen leere Raum ist wie das Allerheiligste des Tempels, über dem der Name des Allerhöchsten ausgerufen war. Wie sehr braucht jede Zeit Kirchen-, Synagogen- und Moscheen-Räume, Gottes-Räume, in denen von dieser Befreiung von dunklen und Angst machenden Gottesbildern die Rede ist. Sie werden nicht selten immer noch benutzt, um Menschen vor dem Göttlichen in dunkle Schrecken zu versetzen und sie in ihren Vorurteilen und Aggressionen – auch gegeneinander – oder auch in ihrem schlechten Gewissen zu bestätigen.

All diese „heiligen“ Versammlungsorte könnten das Gegenteil sein: Vom Gottes-Licht durchleuchtete Räume, in denen Menschen zur Hoffnung bewegt werden. Räume, in denen sie einer Gottsprache begegnen, in der sie Trost und Ermutigung finden, aber auch Räume für ihre Fragen und Zweifel, ohne damit die Furcht zu verbinden, die Gottheit zu beleidigen. Zumal sie draußen eine Welt erwartet, in der allzu oft das „Lied vom Tod“ gesungen wird und kritische Rückfragen sozial abgestraft werden.

Es bräuchte sich kein Mensch Gedanken darüber zu machen, wie heute die Gottwirklichkeit zur Sprache gebracht werden kann, würde sie menschennah verkündet;

die göttliche Wirklichkeit könnte in der Tiefe des menschlichen Daseins lebendig erfahren werden. Das Gottes-Lied liebender Aufmerksamkeit wäre für uns der ökumenische (Regen-)Bogen, der sich zwischen den Religionen und ihren Menschen spannen und sie verbinden könnte. Es müsste klar sein, dass wir vom Leben reden, sobald von Gott die Rede ist. Vom nicht bevormundeten Leben, das die Angsträume wie leere Gräber hinter sich lässt. Die Steine, die auf den Herzen der Menschen liegen, sind beiseite gewälzt, weil das Leben sich nicht festhalten lässt. Und sich im Draußen dieser Welt gegen die Todes-Lieder der Gewalt und Angst behaupten kann. „… er hat uns geschenkt, dass wir aus Feindeshand befreit,/ihm furchtlos dienen in Heiligkeit und Gerechtigkeit/vor seinem Angesicht all unsre Tage“ (Lk 1,74f.).

2. Spracherfahrungen mit der Gottrede

Die neue Frage: Warum Gott Ägyptisch lernt

„Durch Leute, die anders
und in anderen Sprachen reden,
werde ich zu diesem Volk sprechen …“
(1 Kor 14,21; vgl. Jes 28,11f)

Verwiesen sei auf eine im Judentum beheimatete Legende, die die Frage nach der verständlichen Gottsprache auf den Kopf stellt.

Israel, schon 400 Jahre im ägyptischen Exil, schreit und stöhnt zu Gott und bittet ihn um Befreiung. Und Gott hört ihr Schreien und will sich seinem Volk verständlich machen. Aber es gibt ein Problem. Denn nach so langer Zeit hat das Volk die göttliche Sprache, das Hebräisch, verlernt und versteht Gott nicht mehr. Was ist zu tun? Israel als Ganzes in einen Hebräisch-Kurs schicken, so wie seit 1948 im heutigen Staat Israel Einwanderer Ivrit lernen müssen? Ein recht aufwendiges Unternehmen, vor allem im Exil, wenn die Siegermacht eine Eigen-Sprache der Besiegten unterdrücken will oder gar verbietet (wie etwa die türkische Regierung die kurdische Sprache). Aber Gott hat in dieser Legende eine bessere Idee: Er lernt Ägyptisch.

Das ist gewiss die einfachere Variante und zeigt zugleich einen sehr praktikablen Weg, der der Not geschuldet ist und nicht irgendeinem engen und dumpf-nationalistischen Selbstbehauptungswillen folgt. Außerdem würde „ein vorläufiger Sprachkurs aller“ die Befreiung weit hinausschieben, so dass am Ende die Niedergedrückten sich gar nicht mehr ihrer Unfreiheit bewusst wären – worauf viele Siegermächte hoffen. Manchmal und zynisch bezeichnet die vorherrschende Macht das auch als eine Möglichkeit der Integration.

Gott lernt Ägyptisch. Ein pastorales Konzept. Nicht der Mensch in seiner Gebrochenheit muss eine irgendwie als göttlich ausgewiesene Sprache lernen, um Befreiung und Heilung zu erfahren. Gott spricht menschlich mit dem Menschen; durch viele Sprachen, wie es Paulus im 1. Brief an die korinthische Gemeinde formuliert. Und in dieser Ansprache Gottes können Menschen hören und verstehen, wo sie gute Lebenshilfe erfahren, wenn sie denn bereit sind, Abschied zu nehmen von einer „Kirchensprache“, die Gott längst nicht mehr „zur Sprache bringt“, auch wenn das Wort „Gott“ dort immer noch inflationär gebraucht wird:

„lautlose eroberung

gott
immer noch
gegenwärtig
oft gebrauchtes
sonntagswort

im alltag verborgen
in lebensgeschichten
von mensch zu mensch
erobert es ungesagt
verbarrikadierte

herzen“.[4]

Vor allem für die Verkündigung der Kirche ist das ein wichtiger Aspekt und eine Herausforderung, die noch lange nicht überall verstanden wird. Denn es hat an unterschiedlichen Stellen auch unterschiedliche Konsequenzen, weil in den verschiedenen Ländern und Erdteilen die Voraussetzungen sehr verschieden sind. Menschen müssen, um die Kirchen und ihre Verkündigung zu verstehen, nicht das „göttliche Kirchenlatein" oder Griechisch lernen. Müssen Menschen heute um komplizierte philosophische und theologische Kompromissformeln der alten Konzilien des vierten bis sechsten Jahrhunderts wissen, um einen Gottzugang zu bekommen? Viele verbarrikadieren sich vor dieser Sprache, die ihnen in vorgelegten kirchlichen Glaubensbekenntnissen begegnet. Im Kontext der ersten Jahrhunderte hatte das Ringen der Bischöfe um Einheit und einheitliche Formeln einen tiefen, Einheit stiftenden Sinn. Heute ist die europäische „Kirchen- und Katechismussprache" für den Glauben „in aller Welt" eine viel zu hohe und exklusive Hürde geworden, die zu übersteigen die meisten nicht (mehr) bereit sind und auch nicht überwinden müssen. Aber sie haben noch nicht gelernt, Gott in der Alltagssprache ihres täglichen Miteinanders zu hören und zu verstehen. Ihren Hoffnungen und ihrer Sehnsucht fehlt die Sprache. In einer Zeit, da zumindest die westeuropäischen Kirchen sich anschicken, aus ihrer dominanten hellenistisch-lateinischen Wort- und Symbol-Tradition herauszutreten und im eigentlichen Sinne Weltkirche zu werden, sind sie gezwungen, eine neue Sprache zu suchen bzw. zu finden, die möglichst viele verstehen. Pfingstliche Spracherweiterung ist angesagt, eine „neue Gottaufmerksamkeit" (Susanne Ruschmann), die die ganze Wirklichkeit durchdringt und das Bestehende durcheinanderwirbelt – eine Eigenart des pfingstlichen Gottesgeistes.

Dabei muss sich die ganze kirchliche Gemeinschaft fragen, in welcher Weise sich Gott heute dem Menschen sprachlich und in anderen Zeichen offenbart. Denn nur so wird ihr Sprechen einen Zugang zu den Herzen der Menschen finden. Gott ist jeder kirchlichen Sprache voraus. Aber solcher Zuspruch Gottes wird sehr unterschiedlich sein: anders in Afrika, anders in Asien, anders in Südamerika, anders in Nordamerika, anders auch in Europa. Und auch diese Gliederung ist viel zu weitmaschig, um hilfreich zu sein. Die Sprache Gottes in dieser Welt ist so vielfältig, wie diese Welt heute aus vielen Traditionen lebt und immer gelebt hat. Gott ist vielsprachig – es gibt keine Menschensprache, die er nicht spricht. Dabei ist die Gottsprache immer Menschensprache – auch in den ganz banalen Worten des Alltags, der Mutter- und Mundartsprachen, selbst der Gassensprachen, die in vieler Hinsicht offenbarender und ehrlicher sind als die „gehobenen" Reden sprachgewandter Ober- und Mittelschichten, die sich gerne höflich verschleiern und aneinander vorbeireden, ja sogar in vorgetragener Höflichkeit belügen.

In der „theologischen Mittelschicht", die auch den akademischen Alltag bestimmt, wird aber immer wieder unruhig die Frage gestellt, wie wir Gott „zur Sprache bringen" können. In klugen Analysen und Sprachversuchen werden Diskussionen geführt, die voll Sorge sind, Gott könne aus der Sprache der Menschen hinausfallen. Es wird von Glaubenskrisen gesprochen, von Gottvergessenheit in der Gesellschaft. Kirchenlehramtliche Sprache und Liturgiesprache, die Sprachversuche der systematischen Theologien, das homiletische Sprechen von Gott in der Verkündigung, sie alle werden auf den Prüfstand gestellt – mit meist negativem Ergebnis. Mehr und mehr drängt sich bei aller Bewunderung – selbst bei Zweiflern – für die gemachten Lösungsversuche das Bewusstsein nach vorne, dass wir uns mit der Frage „Wie heute von Gott sprechen?" total überfordern und letztlich nur in Streit geraten. Können wir diese Frage überhaupt auch nur annähernd beantworten? Ist Gott oder die Gottheit nicht doch unserer Verfügung, der sprachlichen „Unterwerfung", entzogen, so dass wir mit unseren Antworten letztlich immer scheitern müssen? Die Antwort, die der schlesische Mystiker Johannes Scheffler, bekannt unter dem Namen Angelus Silesius (1624–1677), lange vor unseren heutigen Fragen in Der Cherubinische Wandersmann gibt, lautet:

„Was Gott ist, weiß man nicht! Er ist nicht Licht, nicht Geist,
nicht Wonnigkeit, nicht Eins, nicht was man Gottheit heißt,
nicht Weisheit, nicht Verstand, nicht Liebe, Wille, Güte,
kein Ding, kein Unding auch, kein Wesen, kein Gemüte:
Er ist, was ich und du und keine Kreatur,
eh wir geworden sind, was er ist, nie erfuhr …
Das überlichte Licht schaut man in diesem Leben
nicht besser, als wann man ins Dunkle sich begeben."[5]
Angelus Silesius

In diesem Text wird eine ambivalente Gotteserfahrung hörbar. Im Blick auf die Lebensdaten des „schlesischen Boten" zeigt sich, dass er die „Gewaltsprache" des großen europäischen Krieges (1618–1648) erlebt hatte, der Millionen Menschen Krankheit, Armut und Tod brachte. Wo war in dieser

Todessprache der Menschen noch Gott zur Sprache gekommen? Wie hatte Gott sich in der Sprache des Krieges formuliert? „Was Gott ist, weiß man nicht …“ – war das nicht die einzig mögliche Antwort? Die Gotteserfahrung war durch das mörderische Tun der Menschen ganz verdunkelt worden. Und begann nicht damals schon im Grauen des Dreißigjährigen Krieges jeder Versuch, Gott in der Menschheitsgeschichte weiter sprachlich gegenwärtig zu halten, fragwürdig zu werden? Es ist auch das große Problem der Neuzeit nach den furchtbaren Kriegen des 20. und beginnenden 21. Jahrhunderts. Von welchem Gott ist zu reden? Und wie ist von ihm zu reden? Was sagte der nüchterne Blick auf die Gegenwart, auf Welt und Menschheit über Gott aus? Das in den großartig gestalteten Fresken der Renaissance gemalte Gottes- und Menschenbild erwies sich bald als eine Überhöhung, die in den Realitäten der Bauern- und Adelskriege buchstäblich von den Wänden fiel oder in brennenden Gotteshäusern vernichtet wurde.

Sagte die Malerei eines Michelangelo Merisi da Caravaggio († 1610), Frühbarock, mit ihren brutalen und realitätsgesättigten Bildern nicht viel mehr über den Zustand einer kaputten und mörderischen Welt aus, wie sie nun einmal war, als die herrlichen Fresken eines Giotto di Bondone (1276–1337), Maler und Baumeister der italienischen Renaissance?

Nicht die friedliche Moabiterin Rut stand bei Caravaggio Modell in seiner Malerei, es war Judith (mit ihrer hässlich dargestellten Magd), die den Kopf des Holofernes als Siegeszeichen in ihren Händen hält – ein Befreiungsschlag aus einer gutgeredeten, schöngefärbten Welt.

Luther und die Reformatoren sowie die Papst-Kirche in Rom hatten im Westen zu einer weiteren Spaltung der

Kirchen geführt, denn der Osten Europas lebte die Spaltung schon seit Jahrhunderten (1054) und war nicht mehr bereit, sich dem Anspruch päpstlicher Vormundschaft oder Vorherrschaft zu beugen. Was war in so viel Trennung und Auseinandersetzung noch an Gemeinsamkeit von der Gottesrede zu retten?

Hinzu kam eine ganz neue Macht: Die Buchdruckerkunst eines Johannes Gutenberg hatte sich seit dem 15. Jahrhundert schnell europaweit und bald über die ganze Welt verbreitet. Mit ihr konnte jede Partei ihre Glaubenssicht viel wirksamer und zügiger unter die Menschen bringen. Natürlich bedurfte es noch einer großen Alphabetisierungsbewegung, um möglichst viele Menschen zu eigenständigem Lesen, Denken und Urteilen zu führen. Die Vorherrschaft der Minderheit aber, die lesen und schreiben konnte, schmolz dahin. Das betraf vor allem die Bibellektüre, die Luther noch dadurch erleichterte, dass er eine zeitangepasste Sprache der Bibelübersetzung entwickelte. Eine gewaltige Aufklärung begann, weil viele Menschen sich nun selbständig in die entlegensten Winkel biblischer Texte hineinlesen konnten, die ihnen bis dahin verschwiegen oder zu sehen verwehrt wurden. Das rührte vor allem an die von Theologen mit sogenannten Schriftbeweisen ausgestatteten Dogmen und Lehrsätze. Plötzlich entdeckten Menschen im Nachlesen dieser angeblichen „Beweise", dass es ganz andere, oft widersprüchliche Aussagen dazu in der einen Bibel gab. Diese Aussagen aber wurden bewusst von den theologischen Lehrern übergangen, uminterpretiert – oder waren auch von ihnen selbst noch gar nicht entdeckt worden. Die Bibelwissenschaft kam wie ein Wirbelsturm über die Kirchen und machte ganze lehramtliche Beweisketten im Nu zur Makulatur. Dieser Prozess ist heute keineswegs abgeschlossen und führt immer noch zu Auseinandersetzungen zwischen biblischer Schriftauslegung und dem Anspruch eines kirchenamtlich-dogmatischen Interpretationsmonopols. Eine Machtfrage?

Es ist die Ambiguität, die Zwei-, ja Mehrdeutigkeit der meisten biblischen Texte selbst, die immer stärker ins Bewusstsein aufgeklärter, kritischer Menschen gelangt und zu vielen Fragen Anlass gibt. Aber um eine Antwort zu bekommen, greifen gewiss immer weniger Menschen zu Katechismen, auch sogenannte Gläubige und kirchentreue Christen nicht, sondern wenden sich bei Fragen an Menschen mit bibelfachlicher Kompetenz. Und das auch deshalb, weil die Kirchenleitungen selbst Fachstellen und Bibelwerke eingerichtet haben, die Suchenden kompetente Antworten geben sollen. Ein nüchterner Blick auf die Wirklichkeit verlangt ein für alle Kirchenleitungen notwendiges Umdenken. Die Kirchen haben heute viele „Mit-Denker“, was sie eigentlich begrüßen und erfreuen sollte. Tatsächlich führt das aber in den höheren Amtsstuben der verwalteten Religion zu einer seltsamen Irritation. Und so kann auch die Frage, wie denn heute von Gott zu reden ist, viel stärker als zu früheren Zeiten in den öffentlich geführten Diskurs hineingegeben werden.

Zu hoffen ist, dass sich viele daran beteiligen und ihre Erfahrungen schriftlich oder mündlich einbringen. Aber auch, wenn sich viele auf die Suche machen, wird nicht am Ende das erneut gefunden, was schon gefunden ist? Und stehen Fragende dann nicht wieder vor sich selbst und landen im Niemandsland eigener Irrungen und Enttäuschungen: „Wir sollen von Gott reden und können es doch nicht“[6]? Muss die Frage nicht eher umgekehrt lauten:

Wie redet Gott (heute) mit uns? Wo und wie spricht Gott den heutigen Menschen an? Gott, den und dem wir glauben, dieser „ersehnte Gott" (Magnus Striet), von dem die Bibel in vielfältiger Weise erzählt? Und wie artikuliert sich das Göttliche in und durch die heutige, aber immer schon plurale Welt? Die Frage des Anfangs stellt sich damit neu: Sind wir bereit, das „Ägyptisch" unserer Zeit, die Alltagssprachen der meisten Menschen, zu lernen, um daraus die immerwährende Rede Gottes, die göttlichen Dialekte an uns zu vernehmen? Der biblisch erzählte Gott macht täglich seine sprachlichen „Hausaufgaben" für uns und auf uns hin. Er macht sie täglich in den Geschichten, die Menschen (uns) erzählen, die Menschen einander erzählen. Anders hat Gott nie in der Geschichte gesprochen. Er hat sich nie einer Sondersprache bedient, die der Mensch zu lernen hatte, um ihn zu verstehen. Die theologische Sondersprache ist eine Erfindung der Theologen zur schnelleren Verständigung, sie ist damit aber auch eine Exklusivsprache, die Menschen ausschließt. Und damit wird sie auch eine Machtsprache.

In seiner reichen Bildsprache, in seinen Gleichnissen und Bilderzählungen, in seinen Tat-Worten zeigt Jesus, worauf es ihm ankommt: zuerst auf offene Ohren und Augen, die hören und sehen. Er will verstanden werden – von allen.

Den Abgesandten Johannes' des Täufers, die Jesus fragen: „Bist du der, der kommen soll, oder müssen wir auf einen anderen warten?", gibt Jesus eine deutliche Antwort: „Damals heilte Jesus viele Menschen von ihren Krankheiten und Leiden, befreite sie von bösen Geistern und schenkte vielen Blinden das Augenlicht. Er antwortete den beiden: Geht und berichtet Johannes, was ihr gesehen und gehört habt: Blinde sehen wieder, Lahme gehen, und Aussätzige werden rein; Taube hören, Tote stehen auf, und den Armen wird das Evangelium verkündet. Selig ist, wer an mir keinen Anstoß nimmt" (Lk 7,20–23 par).

Durch die konkrete Welt, wie sie mit ihren Brüchen, Verwundungen, in ihrem oft kriegerischen Alltag vorkommt, spricht Gott Menschen und Welt an. Blinde, Lahme, die mitten im Leben Toten, die Armen – sie sind für Jesus „das Alphabet Gottes", in deren Sprache sich Gott täglich „einmischt". So will sich Gott den Menschen ins Bewusstsein bringen: Wer in Jesu „Sprachkurs" geht, wird vor allem auch in seiner Gebetstradition von ihm aufmerksam gemacht auf eine notvolle Welt am Rand etablierter religiöser Gesellschaften. Da, wo sich die Menschenwelt widerständig entgegenstellt, dort ist am ehesten göttlicher Atem spürbar: „Recht verschafft er Unterdrückten, Hungernden gibt er Brot; der Herr befreit Gefangene. Der Herr öffnet den Blinden die Augen, er richtet die Gebeugten auf. Der Herr beschützt die Fremden und verhilft den Waisen und Witwen zu ihrem Recht. Der Herr liebt die Gerechten …" (Ps 146,7–9).

Der Mensch braucht nicht zu fragen, wie er denn Gott heute zur Sprache bringen kann – oder wo. Es ist anmaßend zu glauben, man müsse Gott oder Jesus „zur Welt bringen". Er ist längst da. Der Mensch braucht auch keine Sondersprache oder Theologensprache zu lernen, um Gott zu vernehmen. Gott hat sich selbst eindeutig in diese Welt eingesagt und eingeschrieben durch die, denen sich Jesus zuwendet, weil er selbst von dort die Gottstimme hört. In diese Richtung ist zu schauen und zu hören – auch ein großes Anliegen des jetzigen Bischofs von Rom, Franziskus. Gott benutzt die Hilfsworte der Erniedrigten; es sind die biblisch „Gerechten". Schon Jesus kommt in den Verruf, so „verkaufe“ er sich dieser Welt zu billig. So weit dürfe ein Gott naher Mensch nicht gehen. Gott müsse ein allmächtiges Tätigkeitswort sein. Schließlich sei er höchste Autorität. Diese Welt gelte es aus dieser Machtposition neu zu gestalten. Doch Menschen erleben das Gegenteil. Genau an der Stelle erfahren sie größte, göttliche Abwesenheit, wo sie seine Nähe am intensivsten erhoffen: „Gott, mein Gott, warum hast du mich verlassen?“, überliefert Markus sogar als letztes, herausgeschrienes Wort des Messias Jesus am Kreuz (Mk 15,34).

Hinzu kommt, dass viele immer noch am Tropf alter philosophischer Formeln und Sprachreste hängen: Worte, Sätze, die heute kaum noch Menschen verstehen, geschweige denn sprechen. In der feierlich-alten Sprache kirchlicher Dokumente und Liturgien hat diese Sprache viel zu lange ein exklusives Zuhause gehabt. Erst unter dem jetzigen Bischof von Rom scheint sich das Sprachverhalten der katholischen Kirchenleitung zu verändern. Die letzten Enzykliken und apostolischen Schreiben reden anders und denken auch anders (Evangelii gaudium, Laudato si', Amoris laetitia u.a.). Die deutsche Kirche hatte zwischen 1971 und 1975 schon einmal auf der Würzburger Synode den Versuch gemacht, eine neue Sprache zu finden, wurde darin aber nie vom Vatikan anerkannt. Das etablierte, vom Vatikan kontrollierte Bürger-Christentum und seine Kultsprache schaut nicht gerne in die „Schmuddel-Ecken“ dieser Welt. Um dies zu tun, beauftragt es „Brot für die Welt“ oder „Misereor“ oder „Adveniat“ und, gemeindenah, Diakonie und Pfarr-Caritas sowie die dort angestellten Sozialarbeiterinnen und Sozialarbeiter. Doch zu einer breiten Sensibilisierung für die Gottsprache Mensch führt das vorerst in den europäischen Kirchen nur sehr zögerlich.

Aber Menschen, vor allem Geflüchtete, haben Sehnsucht nach Zugehörigkeit, nach Heimat, nach Freiheit und gerechten Ordnungen. Menschen suchen immer noch nach Anerkennung und Ansehen und drücken das in vielfältiger Weise auch aus. Die Texte vieler Lieder und Erzählungen, vieler Gedichte und Romane, ja der neueren Literatur und Musik sind gesättigt mit Hoffnungen, Liebeserklärungen und Glaubensüberzeugungen, wie ein Blick in die Kultur-, Pop- und Alltagswelt deutlich zeigt. Auch Politikerinnen und Politiker „spielen" mit all dem, um gewählt zu werden oder – bestenfalls – um tatsächlich Missstände zu beheben und notwendige Veränderungen durchzusetzen.

Es gibt heute nicht eigentlich eine „Glaubenskrise", wie oft und schnell behauptet wird, auch wenn es ein beliebtes Erklärungswort im Mund leitender Kirchenmänner ist. In Wirklichkeit herrscht eine Kirchenkrise, geradezu eine „Kirchen-Schwinde", ähnlich einer Bachschwinde – so wie Bäche plötzlich in der Erde verschwinden können (z.B. die Donau). Sie sind dann für einige Zeit unsichtbar, treten aber später anderenorts wieder an die Oberfläche und setzen ihren Lauf fort – natürlich zunächst noch ungeregelt.

Mit der „Kirchenschwinde" eng verbunden, geht heute eine kirchliche Ämterkrise einher und in all dem eine große, kirchliche „Sprachkrise", weil viele Verantwortliche in den Kirchen sprachlos geworden sind. Sie wollen oder können „die Zeichen der Zeit" nicht lesen und verstehen. Sie sprechen von einer Glaubenskrise und schieben damit dem „Volk Gottes" das Problem zu, während sie sich mit Strukturfragen beschäftigen und immer noch aus einem längst überlebten hierarchischen Kirchenverständnis nicht herausfinden. In ihrem „Kirchengebabbel" reden sie an Menschen und Gott vorbei und wundern sich, dass sie nicht (mehr) verstanden werden. Dabei wäre es notwendig und hilfreich, wenn das Gottesvolk erkennen könnte, dass seine Glaubensfragen und Zweifel auch ihre sind. Es wäre notwendig für alle, wenn sich das Verhältnis einer Lehrer-Schüler-Beziehung verwandeln würde in ein dialogisches Geschehen erwachsener Menschen. In diesem Geschehen würden beide suchen und zeitweilig sogar finden. Beide haben sich etwas zu sagen, je nach den Fragen, mit denen sie auf dem Weg sind. Vieles würde sich verändern. Die Kirchen würden ein neues Gesicht bekommen. Aus heutiger Sicht noch kaum vorstellbar. Wenn Christenmenschen überzeugt sind (der derzeitige Bischof von Rom, Franziskus, ist davon überzeugt), dass Gott nach wie vor in Treue die Wege aller Menschen und Völker – und auch seiner Kirchen – mitgeht, dann ist die Suche nach der Gestalt der Kirche von morgen eine gemeinsame Sache des ganzen Volkes Gottes und nicht (nur) seiner hierarchischen Spitzenämter oder theologischer Fakultäten. An den Wegen, die heute junge Menschen gehen, an ihren Hoffnungen und ihren Weisen, Beziehung zu gestalten, an ihren Visionen und Liturgien, an ihren Sprachen und ihren gestalterischen Kräften könnten alle sehen, wohin Gott mit dieser jungen Generation und damit auch seiner Kirche insgesamt geht. Und alle wären entlastet von der ängstlichen Frage: Was haben wir falsch gemacht? Warum entdecken wir so wenig von dem, was wir meinten, nachkommenden Generationen mitgeben zu müssen? Gott geht mit ihnen andere Wege, das ist jetzt schon sichtbar. So wie er mit früheren Generationen neue Wege durch die Geschichte gegangen ist, so auch heute. Marie Luise Kaschnitz hat einmal in „Amselsturm" geschrieben:

„… und wer sagt, dass in dem undurchsichtigen Sack Zukunft nicht auch ein Entzücken steckt.“[7]

Es wäre in diesem Prozess zudem notwendig, dass die Verantwortlichen in den Kirchen die dauernde Begleitung eines geistlichen Mit-Menschen erführen. Eines Menschen, Frau oder Mann, der sich ohne Furcht in dieser Welt bewegt und Gottes Wort im Alltag dieser Welt vernehmen kann – abseits innerkirchlicher Sprachregelungen. Dringender denn je bräuchten die, die leiten und begleiten, selbst eine kritisch-solidarisch-menschliche Begleitung, die – außerhalb des Systems stehend – die Fallen der Macht kennt und sie mit ihnen in einem offenen Blick bearbeitet. Früher haben diese Rolle Hofnarren ausgefüllt. Wo sind heute die „Narren“ in der Nähe etablierter Machtstühle, die den Ermächtigten nicht nach dem Mund reden? Es gibt sie tatsächlich – aber sie sprechen keine Kirchensprache. Sie sind eher in Sprache und Liedern guter und kritischer Kabarettisten (Hanns Dieter Hüsch, Ben Becker u.a.) zu hören! Und sie brauchen offene und geneigte Ohren, die zuhören und bereit sind, mit ihnen die im „Ägyptisch“ unserer Zeit verschlüsselte Botschaft zu entschlüsseln.

Die Botschaft der Engel: Warum Frauen und Männer in der Nachfolge Jesu aus einem leeren Jesus-Grab zurück nach Galiläa geschickt werden – mitten ins Leben

engel – blitzschnelle einfälle gottes

„Denn für das Letzte bleiben uns nur Gleichnisse, und die Gleichnisse sind immer aus demselben Stoff wie wir. Sie sind aus der Erde geformt, und wenn nun wirklich etwas besteht, das aller, auch aller Erfahrung widerspricht – und wie sonst sollte dieses Jenseits sein –, so kann kein Gleichnis daran rühren. Das Gleichnis öffnet den Weg, es zieht den Vorhang hinter den Dingen weg; den Hintergrund, der nun offen daliegt, kann es nicht erhellen; es zeigt nur, dass er ist“ (Reinhold Schneider).

An entscheidenden Wegkreuzungen der Bibel stehen Engel (ohne Flügel) und erklären das Unerklärliche – ziehen den Vorhang zur Seite und beleuchten, über das von Reinhold Schneider angesagte Dunkel hinaus, auch den Hintergrund. Sie sind poetische Dolmetscher des Ewigen und Größeren, der Symbole, in denen uns der Hintergrund entgegenkommt. Ohne sie hätte kein Mensch die Chance, die begegnende Wirklichkeit in Vordergrund und Hintergrund zu unterscheiden. Wir ahnen durch sie einen existierenden Hintergrund. Manchmal heißen diese Engel in der Bibel Prophetinnen und Propheten, manchmal sind sie Kinder, aus deren Mund uns eine Botschaft trifft (vgl. Ps 8,3). Jesus ist „der Engel des erneuerten Bundes“ zwischen Gott und Mensch, weil er beide in sich vereint und versöhnt und, so die Glaubensüberzeugung der Kirchen, auch im Laufe seines Lebens integrieren musste: das Göttliche und das Menschliche. Deshalb stehen Engel nur am Anfang seines Lebens als Boten und Traumdeuter des Unerwarteten. Sie treffen auf ein altes Ehepaar (Elisabeth und Zacharias) und ein junges Paar (Maria und Josef), Hirten hören sie, Sterndeuter (vgl. Mt 1–2; Lk 1–2), und am Ende der Evangelien zeigen sie einen Weg aus der Trauer des Grabes hinaus in eine neue Lebensperspektive. Engel deuten das ansonsten unverständliche Geschehen und erheben es in eine tiefe menschlich-mystische Erfahrung. Engel des biblisch Absoluten haben eine Grundbotschaft, die lautet: „Fürchte dich nicht!"

Es ist das erste Wort, ihr eindeutiges Erkennungswort, das sie einer Welt, die unter schweren Lasten leidet, zu sagen haben, egal in welchem Gewand sie auftreten oder sich artikulieren.

Es ist ihr Ehrenwort, das sie geben. Wer nicht weiß, wer da spricht, kann die Gott-Boten daran erkennen, dass sie der Menschenwelt vermitteln: „Ängstige dich nicht!" Dieses Wort muss in und aus jeder ihrer Botschaften zu hören sein. Sonst ist das Wort nicht göttlich. Und es ist kein Engel, der es sagt. Denn alle dämonischen Mächte „arbeiten" mit der Angst. Wo Angst regiert, haben Dämonen das Sagen, aber ihre Botschaft ist das Gegenteil von dem, was Gott dem Menschen zu sagen hat.

Zur irdischen Lebenszeit Jesu brauchte es keine Engel oder Prophetinnen und Propheten in deutender Begegnung. Johannes der Täufer wird zum Vorläufer, der mit der Exegese Jesu in eine tiefe Krise gerät. Er beurteilt die Situation völlig anders als der Verwandte aus Nazaret. Er ruft nach dem „Besen". Er ruft nach dem Feuer, das die Spreu verbrennt. Aber von all dem ist bei Jesus zunächst einmal nichts zu finden. Johannes treibt es in die Frage: „Bist du der, der kommen soll, oder müssen wir auf einen anderen warten?" (Mt 11,3 par). Die Antwort Jesu lenkt seinen Blick auf das, was sich hörbar, sichtbar in der Nähe Jesu und durch ihn ereignet. Es waren keine großen Theophanien, keine atemberaubenden Sinai- oder Karmel-Ereignisse, auf die Jesus Menschen aufmerksam macht. Das Berg-Licht-Ereignis (Verklärung) mit drei seiner Jünger in der Nähe von Caesarea Philippi ist eine einzigartige Ausnahme (vgl. Mk 9,2–10). Normalerweise ging es

Jesus um das, was Menschen in ihrem gebrochenen, rissigen Leben an konkreter Hilfe erwarteten und brauchten: das Tat-Wort der Barmherzigkeit im Namen Gottes. Und das ereignete sich unspektakulär mitten in ihrem Alltag und an ihren Lebensorten, wenn ihnen dafür nur Ohren und Augen geöffnet wurden (vgl. die wichtigen Heilungen von Blinden und Tauben – eine Aussage über eine ganze Gesellschaft).

So ist Jesus in seinen Tat-Worten die notwendige und lebendige Grenzüberschreitung. Er ist die Übersetzung des Göttlich-Menschlichen in das konkrete Leben der Menschen seiner Zeit. Dabei wird in allen Evangelien sehr deutlich, dass es ihm vornehmlich um ein Leben in Gott vor dem Tod ging und nicht um eine Vertröstung auf ein fernes Leben bei Gott jenseits der Todesgrenze. Denn Gott war in ihm „mit Händen zu greifen". In Jesus wurde Gottes hilfreiche Nähe erfahrbar – vor allem für die, denen diese Gottnähe abgesprochen wurde. Die Religion hatte sie für „unrein" erklärt. Ihre Not hatte sie „unrein" gemacht. Manche waren auch schuldhaft unrein geworden.

Diese Art erfahrbar gemachter Gottnähe war mit Abschied und Tod Jesu nicht beendet. Jesus hatte vielmehr seinen Jüngerinnen und Jüngern seinen Lebenskompass vorgelebt und weitergeschenkt. Mit seiner Vision eines schon gekommenen Königtums Gottes sollten sie sich selbst auf die Lebens- und Gottsuche machen – bis an die Grenzen der Erde. Und sie sollten diese Vision weitergeben, damit alle die tägliche, immerwährende und erbetete Gottnähe erfahren konnten mit offenen Augen und Ohren. Auch sie sollten Engel des erneuerten und universalen Bundes werden.

Als daher Frauen am Tag nach dem Sabbat zum Grab Jesu kommen, um den Leichnam Jesu zu salben, werden sie mit einer ungewöhnlichen Botschaft konfrontiert, die der Evangelist Lukas auf den Punkt bringt: „Was sucht ihr den Lebenden bei den Toten? Er ist nicht hier, sondern auferweckt ist er" (Lk 24,5–6).

Vielleicht haben Jesusanhänger in Jerusalem schon bald nach seinem Tod mit einer Verehrung seiner Grabstätte begonnen, die die Augenzeugen seines furchtbaren Endes noch kannten. Solche „Grabpflege" konnte sich durchaus schnell in hellenistisch-römischer Zeit zu einem Kult entwickeln bei Menschen, die im Ruf der Heiligkeit standen. Aber gerade der Grab-Kult bestätigte endgültig den Tod des Toten. Ein Martyrertod. Die meisten in der Gemeinde glaubten ihn, Jesus, von Gott erhöht und „beim Vater" (vgl. Phil 2,5–13). Von dort erwarteten sie sein Kommen in Macht und Herrlichkeit – bald, damit er Gericht halte über Lebende und Verstorbene. Als aber auch diese Vision einer machtvollen Wiederkunft ausblieb und stattdessen mancherorts römische Soldaten kamen und Christen festnahmen, wuchs das Bedürfnis der erinnernden Verehrung. In Jerusalem konnte sich deshalb der Begräbnisort zu einem Erinnerungsort entwickeln, wie er es auch bis heute geblieben ist. Das Bewusstsein seiner lebendigen Gegenwart inmitten des Alltags der Gemeinde drohte dabei Schaden zu leiden. Die Evangelisten widersprechen deutlich einer Grabverehrung in ihren Erzählungen: Das Grab ist leer! – ein Bild der Nutzlosigkeit, ihn dort zu suchen. Wahrscheinlich entstand das Bild vom leeren Grab in Kreisen von Frauen, die in der Antike oft mit der Pflege von Grabstätten betraut waren. Es ist ja nicht zu übersehen, dass die „Auffindung" eines leeren Grabes von allen Evangelisten ausschließlich Frauen zugeschrieben wird. Die Apostel hielten das alles zunächst für „Geschwätz und glaubten es nicht“ (vgl. Lk 24,11). Der ihn suchende Mensch sollte ihn im/am Grab nicht (mehr) finden – so wie die Frauen ihn im Grab nicht mehr „fanden“. Es wäre sonst wirklich „die letzte Ehre“ geworden. Doch wo war er geblieben? Und war die Gemeinde jetzt von Jesus vollkommen verlassen? Frauen hörten am leeren Grab erschrocken die aufregende Botschaft: „Erschreckt nicht! Ihr sucht Jesus von Nazaret, den Gekreuzigten. Er ist auferweckt; er ist nicht hier. Seht, da ist die Stelle, wo man ihn hingelegt hatte. Nun aber geht und sagt seinen Jüngern, vor allem Petrus: Er geht euch voraus nach Galiläa; dort werdet ihr ihn sehen, wie er es euch gesagt hat“ (Mk 16,6–7). Dieses Wort wird in den Ostererzählungen ausdrücklich als ein Wort aus Engelsmund ausgegeben, also kein Wort „von unten“, sondern „von oben“ – beglaubigt als göttliche Wirklichkeit.

Im Markus- und Matthäusevangelium fliehen die Frauen vor diesem Wort. „Schrecken und Entsetzen hatte sie gepackt, und sie sagten niemand etwas davon, denn sie fürchteten sich“ (Mk 16,8 par). Sie hatten auch allen Grund, sich zu fürchten. Denn das, was ihnen da am Grab „dämmerte“ und „aufging“ und dann immer klarer wurde: „Was sucht ihr den Lebenden bei den Toten? Er ist nicht hier!“ (Lk 24,5) – genau diese Erkenntnis wollte die Gemeinde nicht hören. Das „Engelswort“ am „leeren Grab“ verwies sie nämlich nicht auf den Himmel, sondern schickte sie mitten in ihren Alltag zurück. Dabei hatten sie doch gehofft, bald diesem Erdenstaub zu entkommen – mit seiner Hilfe. Die neue Einsicht und das neue Verständnis von Auferweckung/ Auferstehung mitten ins Leben der alten Welt hinein brauchte in der Gemeinde eine neue Begeisterung, um sich durchzusetzen. Denn es brach mit dem bis dahin vorherrschenden Verständnis seiner baldigen und machtvollen Wiederkunft. Selbst die Apostel mussten sich erst „von Engeln" sagen lassen: „Ihr Männer von Galiläa, was steht ihr da und schaut zum Himmel empor? Dieser Jesus, der von euch ging und in den Himmel aufgenommen wurde, wird ebenso wiederkommen, wie ihr ihn habt zum Himmel hingehen sehen" (Apg 1,11). Sie taten sich schwer, das zu verstehen. Aber dann fanden sie sich im Gebet zusammen mit seiner Familie, mit Mutter, Brüdern, Frauen (Apg 1,14). Gemeinsam warteten sie im Obergemach in dieser Weise auf den Einbruch des Geistes. Ratlos und voller Fragen, wie es denn weitergehen könnte. In Jerusalem wurde dabei (nur) der Anfang gemacht. Rom war das vorläufige Ziel. Weltweit reichte am Ende die Botschaft.

Das hörende Herz: Warum allem Reden von, über und mit Gott das Hören vorausgeht

Sch'ma Jisrael – Höre, Israel

Das betende Judentum beginnt seinen Tag: „Sch'ma Jisrael – Höre, Israel! Adonai (ist) unser Gott; Adonai (ist) Einer" – aber zu lesen und zu hören ist: ein Einziger. Das christliche Stundengebet singt: „Herr, öffne meine Lippen ..." König Salomo bittet Gott, nachdem er sich mit Hilfe seiner Mutter als Herrscher in Israel durchgesetzt hat: „... ich bin noch sehr jung und weiß nicht, wie ich mich als König verhalten soll. Dein Knecht steht aber mitten in deinem Volk, das du erwählt hast: einem großen Volk, das man wegen seiner Menge nicht zählen und nicht schätzen kann. Verleih daher deinem Knecht ein hörendes Herz, damit er dein Volk zu regieren und das Gute vom Bösen zu unterscheiden versteht. Wer könnte sonst dieses mächtige Volk regieren?" (1 Kön 3,7–9).

Das hörende Herz. Einer jüdisch-spirituellen Überlieferung nach haben Israel und Mose am Sinai nur einen „Knacklaut" gehört, alles andere sei Interpretation. Das bezieht sich auf die Einleitung der zehn Worte. Das hebräische „ich bin", „אנכי/anochi" (Ex 20,2), beginnt mit einem Knacklaut. Diesen Laut gilt es zu hören, zu verstehen und auszulegen in die vielen Sprachen unserer Zeit. Und dabei ist es notwendig, in jedweder Auslegung das Rettende, Aufrichtende mitzuhören. Das aber geht nicht ohne ein intensives und langes Zuhören, Nachlesen, Nachfragen, Hinschauen und Suchen. Im Rückzug aus der lauten Alltagswelt in die Stille geschieht es bei manchen.

Aber Gott wartet nicht, bis der Mensch sich dazu die Zeit nimmt. Gottes Sprechen ist allgegenwärtig, vielstimmig und allzeitig. Immer schon da. Gott ist immer schon vorher da. Der biblische Gott ist ungeduldig. Wie oft ist gerade er es, der zum Aufbruch drängt! Es gibt, davon ist biblisches Sprechen von Gott zutiefst überzeugt, keinen menschlichen Resonanzraum, in dem nicht die (verborgene) Stimme Gottes jederzeit gehört werden kann, und wenn es nur dieser Knacklaut ist – oder ein erstauntes „Ach". Gerade aus der Banalität der menschlichen Alltagssprache, aus einer scheinbar gottlosen Welt, aus stotternden Lebensäußerungen, in denen das Wort Gott ausgesprochen keine Rolle (mehr) spielt, scheint sich das Göttliche völlig zurückgezogen zu haben. Es dennoch wahrzunehmen setzt voraus, die Welt und das Tägliche nicht zum großen Gegner Gottes abzuwerten oder als buchstäblich nichtssagend zu verurteilen. Es gilt, Gottes Ansprache, sein Atemholen herauszufiltern. Nicht leicht zwischen und durch all den alltäglichen Sprachmüll des atheistischen Geredes und der medialen Welt, der die Ohren erreicht.

Ohne dieses doppelte Hören kann ein Großteil der Ansprache Gottes an uns heute nicht vernommen werden. Gott lernte die Sprache der Ägypter, der Fremden. Mag sein, dass Gott schneller lernt als der Mensch. Aber beide lernen in diesem Prozess der Annäherung. Das setzt immer voraus, dass es dazu Zeit gibt. Gott nahm sich die Zeit – für Israel, sein Volk. Er nahm sich ca. 30 Jahre Zeit im Juden und Weisheits-Lehrer Jesus von Nazaret. Es war immer eine Zeit für die Menschen – in der Wüste, am Jordan, in Galiläa, in Jerusalem. Und er nahm sie sich auch für nichtjüdische Menschen – die Kanaanäerin z.B., den heidnischen Hauptmann in Kafarnaum (Mk 7,24–30 par; Lk 7,1–10 parr). Er nimmt sich ebenso Zeit für heutige Menschen. Lernprozesse brauchen ihre Zeit. Gott lernt mit und in seinem Volk das Auf und Ab menschlicher Geschichte: königliche Zeiten, aber auch Gefangenschaft und Exil. Er macht täglich „Selbsterfahrungen" (Klaus Hemmerle).

Um im „Ägyptisch" unserer Zeit die Jesus-Stimme als Gottstimme zu vernehmen, bedarf es ebenfalls eines großen Lernprozesses. Und die Bereitschaft ist nötig, die Sprachgeräusche der Welt nicht als Störung und Lärm zu hören. Die babylonische Vielsprachigkeit und heutige Sprachverwirrung in ihren vielen Dialekten und Facetten ist gleichzeitig ein großer Reichtum. Der religiös suchende Mensch müsste der Welt, auch einer „Schrott-Welt", wie eine Künstlerin, ein Künstler begegnen: Sie böte sich ihm dar als Material verwandelnder Gestaltung – pädagogisch, bildnerisch, musikalisch, literarisch: „Christi Platz ist bei den Dichtern"[8], schreibt Oscar Wilde in einem Aphorismus. In all dem kann der Mensch dem Gottgeheimnis hörend und sehend begegnen. Denn es ist immer schon da, wohin der Mensch auch kommt. Eine geradezu sakramentale Wirklichkeit, die auch dem Kosmos (oder Chaos?) der sich ständig ändernden Sprachen schöpferisch innewohnt. Der Gott suchende Mensch ist „ein Priester täglicher Verwandlung", der sich nicht von der (oft störenden) Oberfläche der erlebten Wirklichkeit und ihrer Interpretation durch die Mächtigen in Haft nehmen lässt, sondern sie durchfragt, durchschaut und durchhört auf ihre tieferliegende Stimme hin.

Das allerdings stellt den Menschen immer neu vor ungewöhnliche und unvermutete Hör- und Seh-Widerfahrnisse. Die in der kirchlichen Liturgie feierlich vorgetragenen Worte und Gesänge sind dann ein wichtiges, aber kleines Segment des Gottwortes. Draußen kommt es in der Zeit oft schrill daher, gellt in den Ohren und hat wenig gemein mit getragenen und besinnlichen Stimmen meditativer Stimmung. Es ist mehr und mehr der Hilfeschrei einer Welt, die sich in einem gewaltigen Umbruchprozess befindet und sich nicht in einer allen verständlichen Sprache zusammenfinden kann – wird sie es je? Es ist der Hilfeschrei aus den „Reparatur-Werkstätten" unserer aus den Fugen geratenen Zeit, den Gesundheitszentren und Entzugskliniken, aus den Strafanstalten und Seniorenheimen oder auch der Hilfeschrei der Bettler in den Bahnhöfen. Das Gotteswort ist oft auch das hilflose, fragende Wort auf der Suche nach den Sehnsuchtsorten vieler Migranten. Es wird hörbar in ihren Erzählungen und in ihren Liedern. Es ist der Hilfeschrei ganzer Generationen und Völker, die in Armut und Bedrängnis durch die eigenen Diktatoren leben (müssen), deren sie sich nicht entledigen können. Es ist der Hilfeschrei von Menschen auf dem Meer in rissigen Schlauchbooten, die drohen unterzugehen, und es ist der Hilfeschrei von Kindern um ihre Würde und das tägliche Brot.

Dass Gott sich vor allem in Hilfsworten artikuliert und hörbar wird, hängt mit seiner radikalen Einlassung auf Israel, das in biblischen Zeiten oft bedrückte Volk, und den Sohn Israels, Jesus, zusammen. Weil Gott selbst, biblisch, ein Hörender ist, weiß er um das Schreien seiner Kinder aus dem „Weltknast". In Jesu Ohren verwandelte sich die menschliche Stimme zur göttlichen Stimme des Vaters. Von dieser göttlichen Stimme eingefordert – spätestens seit dem Jordan-Ereignis bei seiner Taufe durch Johannes den Täufer –, geht Jesus auf Menschen zu. Oder er lässt sie an sich heran – unbeschadet der Frage, ob sie rein oder unrein sind (darunter auch Frauen). Für einen jüdischen Lehrer, der nach den Regeln der Tora lebte, war das zumindest ungewöhnlich. Es war das Zugehen oder Zulassen Gottes selbst. Menschen brauchten sein Ohr, um gehört zu werden, weil sich Ohren und Augen ihrer religiösen Führer nur bedingungsweise öffneten.

In manchen Gleichnissen und Bilderzählungen wird auf diesen Notstand hingewiesen. Am nachdrücklichsten hat der Evangelist Lukas das in der Geschichte vom Barmherzigen Samariter literarisch und theologisch erzählt (Lk 10,25–37). Ein Priester und ein Levit gehen an einem seiner Kleider beraubten und geschlagenen Menschen vorüber. Ein Fremder, ein Samariter, kümmert sich um das Opfer des Überfalls. Er sieht und hört, jenseits aller Feindschaft zwischen Juden und Samaritern, einzig einen Menschen, der Hilfe braucht, und wird ihm zum Nächsten. Die religiösen Führer, Levit und Priester, fürchteten wahrscheinlich um ihre kultische Reinheit vor oder nach dem Tempeldienst – oder um ihr eigenes Leben. Bei ihnen trat die konkrete Not des Beraubten in den Hintergrund, weil sie zunächst auf sich selbst und nicht auf den Hilfsbedürftigen schauten.

Jesus hat Frauen und Männern, die ihm nachgefolgt sind, die Sorge um die Beraubten und Geschlagenen der Welt anvertraut – ob den Zwölf des Anfangs oder den um siebzig erweiterten Schülerinnen- und Schülerkreis, spielt dabei keine Rolle. In seinem Auftrag an die ihm nachfolgende Kirche sind sie die Herausragenden, um die sich das ganze Volk Gottes vornehmlich zu kümmern hat, ja, sie machen wesentlich das Volk Gottes aus. Durch die Gekreuzigten spricht Gott zur Welt. Deshalb gilt ihnen die „Mission" in seinem Namen in besonderer Weise. Den lastenden „Dämon" der Ungerechtigkeit und Herabsetzung durch die herrschenden Gesellschaftskreise von den Schultern der Armen, der Kinder, der Frauen, der Kranken, der Verlierer zu nehmen sollte die erste und vornehmliche Aufgabe seiner Nachfolgerinnen und Nachfolger sein. Und so verstanden sie es auch, wenn sie füreinander in großer Solidarität einstanden. Beim gemeinsamen Mahl am ersten Tag der Woche erinnerten sie sich in seinem Namen an diese Aufgabe des Teilens. Das Teilen miteinander praktizierte die Kirche des Anfangs überall gemeinsam in solidarischer Vielheit – anders in Jerusalem, anders in Galiläa, anders auch in Korinth oder Rom. Immer aber im Blick auf sein Tun bis zum letzten Atemzug. Und so war sie „sein Leib und sein Blut", Corpus Christi.

Dennoch war sie nie frei von großen Spannungen, wie die Paulus-Briefe, die später geschriebenen Evangelien und die Apostelgeschichte zeigen. Die Frage etwa, unter welchen Bedingungen Nicht-Juden zum Messias Jesus hinzutreten konnten, die Probleme zwischen Armen und Reichen, Sklaven und Freien, Frauen und Männern, Ältesten und Gemeinden, Witwen und männlichen Diakonen, die Alltagsprobleme unter Menschen hatten bald auch die christlichen Gemeinden erreicht – vor allem, als ihnen klar wurde, dass das durch Jesus angesagte Königtum Gottes vorerst nur senfkornklein begonnen hatte, ihnen als immerwährende Hoffnung aufgegeben – ein Sehnsuchts-Gott-Königtum. In den Evangelien werden Visionen entworfen, wie die Gemeinden in dieser unerfüllten Hoffnung miteinander leben konnten. Matthäus versucht in einer Lehrerzählung, einem jüdischen Midrasch ähnlich, seiner schon aus Juden und Nicht-Juden gemischten Gemeinde den gegenseitigen Reichtum vor Augen zu stellen. Er erzählt von Weisen aus dem Osten, die den neugeborenen König der Juden suchen. Mit ihren Schätzen, Gold, Weihrauch und Myrrhe, und dem sie leitenden Stern kommen sie zunächst nach Jerusalem. Dort, nur dort, können sie bei torakundigen Schriftgelehrten hören, wo dieser gesuchte König zu finden ist (vgl. Mt 2,2–5). Jerusalem „besitzt" die Tora und ihr uraltes Wissen, das Sabbat für Sabbat in den Synagogen zur Verlesung kommt. Die Schätze der Völker tragen die Magoi mit sich, das Wissen um Himmel und Erde. Aber nur Israel „besitzt" die Weisungen Gottes in der Tora. Nur in Israel ist sie zu hören. Keiner steht in der Matthäusgemeinde mit leeren Händen da. Doch nur im gemeinsamen Wissen aller finden sie den Weg zum Messias Israels und der Völker. An anderen Stellen zeigt das Matthäusevangelium eine Gemeindeordnung für den Konfliktfall und versucht so, die bedingungslose

Liebesbotschaft Jesu für seine Gemeinde „alltagstauglich" zu machen (vgl. Mt 18,15–22).

Dann aber, je nachdem in welchem politischen und gesellschaftlichen Einflussbereich die Gemeinden standen, entwickelten sich unterschiedliche Gemeindestrukturen, ohne dass zunächst eine für alle verbindliche Verfassung dabei die Führung übernahm. Synodaler die einen, hierarchischer die anderen: mit „Ältesten" und pluraler in der Leitung die noch stark jüdisch geprägten Gemeinden, hierarchischer die von der römisch-hellenistischen Verwaltung bestimmten Gemeinden.

Entsprechend unterschiedlich entwickelten sich auch Christologien und damit verbundene Gottesbilder, die durch die Boten vielsprachig hörbar gemacht wurden. Die Erzählungen in den Evangelien, die aus verschiedenen Quellen gespeist wurden, zeigen zudem, wie unterschiedlich die Spiritualität war, aus der heraus die Evangelisten lebten und schrieben – eine reiche Fülle.

Gottes Sprachverstecke: Warum Gott in der Alltagssprache immer auch da zu Wort kommt, wo Menschen trotz allem an ihren Hoffnungen und Lebens-Visionen festhalten

„Gott liebt es, sich zu verstecken" (Blaise Pascal)

Es gilt den Menschen „aufs Maul zu schauen" (Martin Luther), wenn jedwede Menschensprache in ihrer Tiefendimension auch göttliche Sprachimpulse in sich trägt. Denn Gott „versteckt" sich nicht nur in der Hochsprache der Liturgien, der Theologien, der Literatur, der Lyrik, sondern auch in der Banalität der Alltagssprache. Denn gerade diese Alltagssprache spricht oft unmittelbarer als die Hochsprache von den Hoffnungen, aber auch Enttäuschungen der Menschen. Sie „schmeckt" eher die Bitternis der Ängste und der Sehnsucht von Menschen, die Leid tragen. Sprachaufmerksamkeit ist angesagt, um darin eine göttliche Ansprache zu hören. Die notwendige Anstrengung, das Göttliche in der Verborgenheit zu suchen, bringt eine chassidische Legende, von Martin Buber nacherzählt, ins Bild:

„Rabbi Baruchs Enkel, der Knabe Jechiel, spielte einst mit einem anderen Knaben Verstecken. Er verbarg sich gut und wartete, dass ihn sein Gefährte suche. Als er lange gewartet hatte, kam er aus dem Versteck, aber der andere war nirgends zu sehen. Nun merkte Jechiel, dass jener ihn von Anfang an nicht gesucht hatte. Darüber musste er weinen, kam weinend in die Stube seines Großvaters gelaufen und beklagte sich über den bösen Spielgenossen. Da flossen Rabbi Baruch die Augen über und er sagte: ‚So spricht Gott auch: Ich verberge mich, aber keiner will mich suchen.'"[9]

Ein großes und schwieriges „Versteck Gottes" scheint für viele Menschen heute auch die Religion geworden zu sein, ob sie jüdisch, christlich, muslimisch oder in einer anderen Weise erfahren wird. Auf drängende Probleme vieler Menschen scheinen die Religionen keine Antworten (mehr) zu haben. Deshalb suchen viele Menschen auch nicht mehr bei einer Religion Antwort darauf zu finden, was sie existentiell bewegt. Für die Menschheitsfragen bieten sich heute Fachleute und Institutionen an, die an vielen Stellen Aufgaben übernommen haben, die in früheren Zeiten religiöse Systeme bearbeitet haben. Offensichtlich ist die Gott-Suche in der Religion vielen Menschen auch deshalb zu anstrengend geworden, weil die Sprachbarrieren sehr hoch sind. Viele Menschen erwarten leicht verständliche und schnelle Antworten, verdummt durch die oberflächliche und kurze Nachrichtenvermittlung der modernen Medien, die auch einen seriösen Journalismus zerstört. Aber schnelle Antworten auf existentielle Fragen können nur Scharlatane geben (es gibt sie auch in den Religionen), deren Antworten das Verfallsdatum immer schon überschritten haben, wenn sie aus ihrem Mund kommen. Die großen religiösen Bewegungen wissen um das Schweigen und das Widersprüchliche, in das sich das Göttliche zurückzieht, wenn es gewaltsam ans Licht einfältiger Einsichten gezerrt wird.

Ein Hauptproblem ist dabei offensichtlich auch die Religion in ihrer Symbolsprache. Es scheint gar nicht einmal der Glaube an sich in die Krise geraten zu sein. Im Bild: Religion ist eine Monstranz, die in sich die Hostie, den Kern des Glaubens, trägt. Der Glaube braucht eine Form, er braucht Symbol und Sprache, um sichtbar zu machen, was unsichtbar ist. Diesen Halt und diese Form gibt die Religion dem Glauben. Aber die Religion (und ihre menschliche Darstellung) dürfen sich nicht wichtiger nehmen als das, was sie in sich bewahren. Sie schützen den Kern, den Glauben an das Geheimnis in ihrer Mitte, sie sind aber nicht der Kern; sie haben ihm zu dienen. Sonst wird die Religion Götzendienst und Idolatrie. Bei genauerem Hinsehen zeigt sich, dass heute (und immer schon) die meisten Auseinandersetzungen und Spaltungen in der Geschichte der Religionen ein Streit um „das goldene Kalb“ der Macht waren und bis heute geblieben sind. Es geht um Interpretationskompetenz, Größe und Ästhetik der Religion und ihrer „Agenten“. Jedenfalls um Zweitrangiges.

Wer darf die Katechismen schreiben, die Dogmen formulieren, wer die „Monstranz" tragen? Wer hat die Deutungshoheit und die Kompetenz? Wie kostbar darf das religiöse Gewand sein usw.? Oder auch: Wer darf zuerst den „Leib des Herrn" empfangen? Über diesen Streit geraten völlig zu Unrecht der Glaube und das Urvertrauen in das göttliche Geheimnis der Befreiung und Vergebung in Verruf. Sie werden oft mit der religiösen Form verwechselt, weil sich die „Formverwalter" zu wichtig nehmen.

Jesus warnt eindringlich vor diesem Kompetenzgerangel. Er verbietet geradezu jeden Titel in seiner Gemeinde und macht den Schriftgelehrten den Vorwurf, keinen Finger zu rühren, um die Lasten (einer belastenden Schriftauslegung) von den Schultern der Menschen zu nehmen (vgl. Mt 23,1–12; besonders Mt 23,4). Tritt heute nun die Religion in eine kritische Phase – z.B. durch wiederholte Finanzskandale, Missbrauchsverbrechen? Geraten aber ihre Diener in Verruf, dann fällt der Schatten der Täuschung auch bald auf den Glauben selbst. Viele Gläubige spüren das und versuchen ihren Glauben zu retten, indem sie ihr religiöses System enttäuscht verlassen. Der Glaube geht ins „Exil", lebt in der Fremde und entwickelt dort manchmal ganz neue Formen, weil er formlos bald „verdunsten" würde. Zurück bleiben noch Reste weiter praktizierter Alt-Religion, in denen der Glaube immer noch gelebt, zur Sprache gebracht und gefeiert wird. Aber eben nicht mehr nur an gewohnter Stelle.

Durch die Art und Weise, wie sich das Göttliche in Jesus zur Sprache gebracht hat, eröffnet sich eine Suchrichtung, der ein Finden zugesagt ist. Gibt es so etwas wie „Lieblingsverstecke" Gottes im Sinne Jesu? Ecken, Winkel, in denen es nach Mensch und Gott „riecht", nach dem

Menschen, der sich seit Beginn seiner Existenz nach Ansehen, Gerechtigkeit, nach Gemeinschaft und Zukunft sehnt? Und dabei doch immer wieder scheitert, wenn und weil er das Ausstehende erzwingen will. Und gibt es eine Gottheit, die sich danach sehnt, dem Menschen in seinem Scheitern an diesen Orten befreiend nahe und heilend rettend zu sein? Mit einem jesuanischen Blickwinkel sind es vor allem Orte, an denen Kreuze aufgestellt sind, Menschen in Mülltonnen nach Essen suchen, an denen Menschen kiffen, weil sie sonst das Leben nicht ertragen können, an denen Frauen sich prostituieren, weil sie sonst den Lebensunterhalt für die Familie nicht zusammenkriegen – es sind Orte, ganze Erdteile und Mega-Städte, in denen seine Schwestern und Brüder, die Ärmsten, an Hunger und Durst leiden, im Gefängnis sitzen oder in einem Heim auf Besuch warten, der nicht kommt. Sie sind Hilferufe Gottes in unserer Zeit, die SOS-Botschaft in den Chaosfluten der heutigen Geschichte. Sie sind die „Lieblingsverstecke" Gottes, in die der Jude Jesus mitzukommen uns einlädt. Sein tiefer Glaube an den Gott seiner Mütter und Väter öffnete ihm früh den Blick auf jedweden Menschen, der in „Gefangenschaft" lebt – „denn ihr seid selbst Fremde in Ägypten gewesen" (Lev 19,34). Radikal wie sein Gott, aus dem heraus er lebt und mitleidet, wendet er sich diesen Menschen zu und überschreitet dabei Grenzen einer auch zu seiner Zeit praktizierten Religion der Fachleute und religiös allzu sicher Eingerichteten.

Würde kirchliche Erneuerung mit ihm radikal dorthin hören und diese Orte der Not aufsuchen (und das nicht nur an Hilfsorganisationen delegieren), dann würde deutlich, dass die Diakonia, dieser „Außendienst", der wichtigste der jesuanischen und damit göttlichen Aufträge ist.

Aus ihm ist kein Christ und keine Kirche, die sich auf ihn beruft, je entlassen. Und eben auch keine kirchlichen Reformbemühungen, die mehr sein wollen als Mängelverwaltung. Von diesem „Draußen" müsste sich nach innen auch die Liturgie erneuern in einer Weise, wie sie heute noch kaum vorstellbar ist. Denn noch klebt sie an der liturgischen Hochsprache und Symbolik der Vergangenheit. Sie hatte im Ansatz mit dem Zweiten Vaticanum einen Versuch der Menschennähe unternommen; aber sie blieb „im Sprung gehemmt"[10]; der Mut der Befreiung und Verwandlung verließ die Reformer der Liturgie auf dem begonnenen Weg. Das bedeutet aber, dass allem kirchlichen Feiern voraus zunächst ein offen-kritischer Blick auf die jeweilige menschliche und kirchliche Wirklichkeit stehen muss. Hinzu kommt der notwendige Rückblick auf den Jesus des Anfangs – den jüdischen Jesus – und seine jüdische Glaubenstradition, die ihn und sein Leben begleitet und immer geprägt haben. Es war und ist der Glaube an einen Gott, der aus jedweder Sklaverei retten will, ob sie politisch, religiös oder existentiell ist. In Jesu Wort-Taten bzw. Tat-Worten hat er dieses Glaubensbekenntnis immer wieder zum Ausdruck gebracht und gelebt. Sein Glaubenszeugnis bleibt verbindlicher Kompass und Navigationshilfe, besonders in unsicherer Zeit.

Der Priester der Zukunft wäre dann ein Mensch, Mann oder Frau, der das Draußen verbindlich nach innen trägt. Seine Liturgie wäre eine Liturgie des gelebten Lebens und der unabgegoltenen Hoffnung auf den hin, der mit der Vollendung seiner Vision noch aussteht. Einer Vision, die draußen gelebt und innen zur Sprache gebracht und gefeiert wird – und nicht umgekehrt. Die ganze priesterliche Gemeinde, die das Leben zur Sprache bringt und feiert, trägt Verantwortung für diese lebensnahe Liturgie. Und das Amt wäre vornehmlich mit der Anamnese, der verbindlichen Erinnerung an diesen Weg Jesu beauftragt. Durch die „Amtenden" aber müsste die Grenze von Profanem und Sakralem überwunden werden, weil Jesus sie überwunden und nicht akzeptiert hat. Denn sein Leben spielte sich bis zur Kreuzigung, bis zur Grablegung, wohin auch immer seine Leiche „entsorgt" wurde, ganz und gar im profanen Bereich ab. In der Tempelaktion stört er sogar den sakralen Raum, um den Gottesort zu einem „Haus des Gebetes" für alle Völker zu machen, aus welcher religiösen Tradition die Pilger auch kamen. So verbietet die Osterbotschaft in der christlichen Tradition eigentlich, ein Grab zu einem „heiligen Pilgerort" zu machen – es ist leer. Die Osterbotschaft verwandelte sich schon im ersten christlichen Jahrhundert. Er war zum Vater gegangen, und seine Gemeinde erwartete ihn in Bälde in Macht und Herrlichkeit. Aber so war er nicht gekommen. Aus und in seinem Geist versuchten sie weiterzugehen. Das „leere Grab" verwies Frauen – und durch sie auch Männer und Gemeinden – auf „Galiläa", auf das Draußen des gelebten und zerbrechlichen Lebens, also aus der vertikalen Perspektive in die horizontale. Er war ihnen vorausgegangen. Das heißt: Er war schon da, wo sie hinkamen. Sie brachten ihn nicht. Genauso wenig, wie sie Gott zu den Menschen bringen mussten. Er war längst vor ihnen da. Es ging um die Heiligung ihres Lebens und der Menschen miteinander, um seine Alltagstauglichkeit – bei weiter ausstehender und einklagbarer Vision auf eine noch kommende Vollendung.

Diese Botschaft sollten Frauen und Männer in seiner Nachfolge hinaustragen bis an die Enden der Erde. Nicht als Besserwisser. Auch nicht als Missionsimperialisten.

Dafür war an vielen Orten zu viel Gottesreichtum. An Orte sollten sie diese Botschaft tragen, die nicht glauben konnten, dass auch bei ihnen, in ihrem gebrochenen Leben, Gott schon vor ihnen angekommen war. Und in allen Sprachen, die von ihnen gesprochen wurden, sollten sie reden. Denn in allen Sprachen sind Gottspuren zu entdecken. Durch keine äußeren und inneren Grenzen sollten sie sich daran hindern lassen.

In menschennaher Sprache sollten sie reden. Das brüchige, oft kranke und doch so wunderbare Leben sollten sie feiern in alten und neuen Zeichen. Sie sollten es tun

IN JESU UND GOTTES NAMEN

3. Auf ein Wort zum Schluss

Sommer-Abend

Der Tag gibt noch nicht auf
die Nacht zögert zu kommen
alles deutet auf einen kurzen Kampf

Befreit aus der Gefangenschaft
des Redens finde ich ins
abendliche Schweigen

Bilder eines reichen Tages
irrlichtern hinter meinen Lidern
Ein letzter Vogel erlöst den Tag

Und ich sitze und warte bei
herunterbrennender Kerze
wie wenn noch etwas käme
wilhelm bruners

„Wie wenn noch etwas käme" – das erwartende Hinhören, das bewusste Lauschen auf die vielen Sprachen der Natur, der Menschen, ihrer kulturellen und technischen Werke, die sie schaffen, tagtäglich, um in ihnen das kleine oder große „Mehr" zu vernehmen, das über sie hinausweist. „Denn in ihm leben wir, bewegen wir uns und sind wir", lässt Lukas, der Verfasser der Apostelgeschichte, Paulus auf dem Areopag den Athenern mit einem Gedichtvers sagen

(Apg 17,28). Damit will er sich seinen Zuhörerinnen und Zuhörern verständlich machen. Vom „unbekannten Gott" spricht er, den sie verehren, ohne ihn zu kennen.

Während der letzten anderthalb Jahre, seit mich die Einladung zu diesem Buch erreichte, seit ich meine und biblische Gottesbilder und Gottgedanken ins Wort zu bringen versuchte, seit mich Gedanken und Worte „gefunden" haben, bin ich noch tiefer überzeugt, dass vor allen Gott-Reden das Hören steht. Unser Ohr ist das große Teleskop in die göttliche Welt. Der betende Jude beginnt seinen Tag שְׁמַע יִשְׂרָאֵל (Sch'ma Jisrael, Schᵉma Jisrael – „Höre, Israel!") und erst am Abend bittet er „Öffne meine Lippen". Es ist die richtige Reihenfolge. Wenn unsere Gott-Rede nicht aus offenen Ohren und weltoffenen Augen erwächst, besteht die Gefahr, an Menschen vorbeizureden oder von ihnen nicht verstanden zu werden. Gerade um diese Sinne zu öffnen, heilte Jesus taube und blinde Menschen seiner Zeit, schenkt Gott jeder Zeit Prophetinnen und Propheten, die Weckruf sind. Oft unerhört und unverstanden. Aber sie sind gegenwärtig. Diesen prophetischen Stimmen einen Resonanzraum zu schaffen, die prophetischen Menschen vor Schaden zu bewahren, wie es einst der Bischof von Assisi und der Bischof von Rom bei Giovanni Battista Bernardone, dem hl. Franziskus, taten, ist eine große Aufgabe der Kirche. Erfüllt sie diesen Auftrag nicht, bestraft sie gar die biblisch-kritischen Stimmen in ihr mit Missachtung oder Ausschluss, dann verrät sie ihr eigenes Evangelium. Und sie betrügt die Welt um eine Stimme, die jede Zeit unbedingt braucht, um göttlich zu atmen und menschlich zu handeln.

Wilhelm Bruners, am Fest Allerheiligen 2018

4. Anmerkungen

1 Hundertmark, Peter, Mit offenen Augen beten, München 2008, 9.
2 Nietzsche, Friedrich, Die fröhliche Wissenschaft, München 1959, 166f.
3 Buber, Martin, Das Buch der Könige, Die Schrift IX, Berlin 1929, 116.
4 Bruners, Wilhelm, Lautlose Eroberung, in: ders., Niemandsland. Gott. Gedichte und Meditationen, Innsbruck 2015, 34.
5 Silesius, Angelus, Cherubinischer Wandersmann oder Geistreiche Sinn- und Schlussreime, Zürich 1986, 241f.
6 Barth, Karl, Das Wort Gottes als Aufgabe der Theologie, in: Finze, Holger (Hg.), Karl Barth, Gesamtausgabe, Bd. 3, Zürich 1990, 144–175, hier 151.
7 Kaschnitz, Marie Luise, Steht noch dahin. Neue Prosa, Frankfurt a.M. 1970, 80.
8 Wilde, Oscar, Aphorismen, Frankfurt a.M. 1987, 74.
9 Buber, Martin, Chassidismus III. Die Erzählungen der Chassidim, in: HaCohen, Ran (Hg.), Martin Buber. Werkausgabe, Bd. 18.1, Gütersloh 2015, 248.
10 Krätzl, Helmut, Im Sprung gehemmt. Was mir nach dem Konzil noch alles fehlt, Mödling 1999[4].

5. Zum Weiterlesen

Bachl, Gottfried, feuer, wasser, luft, erde, Innsbruck/Wien, 2011

Bruners, Wilhelm, Niemandsland. Gott, Innsbruck/Wien 2015

Papst Franziskus, Apostolisches Schreiben Evangelii Gaudium. Über die Verkündigung des Evangeliums in der Welt von heute, Rom 2013

–, Enzyklika, Laudato si'. Über die Sorge für das gemeinsame Haus, Rom 2015

–, Nachsynodales Apostolisches Schreiben Amoris laetitia. Über die Liebe in der Familie, Rom 2016

Körner, Reinhard, Gott, 95 Thesen, Leipzig 2017

Kuschel, Karl-Josef, Gott liebt es, sich zu verstecken, Literarische Skizzen von Lessing bis Muschg, Ostfildern 2007

Lehnert, Christian, Der Gott in einer Nuß. Fliegende Blätter von Kult und Gebet, Berlin 2017

Said, Psalmen, München 2007

Die Schrifttexte sind meist entnommen aus der Einheitsübersetzung der Heiligen Schrift, Katholische Bibelanstalt, Stuttgart 1980

In der Reihe „Franziskanische Akzente" sind bisher erschienen:

Bd. 1: Mirjam Schambeck, Nach Gott fragen zwischen Dunkel und Licht
Bd. 2: Helmut Schlegel, Die heilende Kraft menschlicher Spannungen
Bd. 3: Katharina Kluitmann, Wachsen – über mich hinaus
Bd. 4: Cornelius Bohl, Auf den Geschmack des Lebens kommen
Bd. 5: Martina Kreidler-Kos, Lebensmutig. Klara von Assisi und ihre Gefährtinnen
Bd. 6: Nikolaus Kuster, Franz von Assisi – Freiheit und Geschwisterlichkeit in der Kirche
Bd. 7: Herman Schalück, Prophetisch glauben. Aufbrüche in franziskanischer Spiritualität
Bd. 8: Stefan Federbusch, Nachhaltig wirtschaften – gerecht teilen
Bd. 9: Thomas Dienberg, Leiten – Von der Kunst des Dienens
Bd. 10: Anton Rotzetter, Alles auf den Kopf stellen – neue Wurzeln schlagen. Mit Franz von Assisi Schöpfung gestalten
Bd. 11: Helmut Schlegel, Glaubensgeschichten sind Weggeschichten. Die Emmauserzählung als Modell christlicher Existenz
Bd. 12: Nicole Grochowina, Franziskus und Luther. Freunde über die Zeiten
Bd. 13: Jürgen Neitzert, Muslime und Christen. Ein franziskanischer Blick auf den Islam
Bd. 14: Paulin Link, Der Sehnsucht Raum geben. Die Kunst der franziskanischen Wegbegleitung
Bd. 15: Mirjam Schambeck, Unbehauste Heimat. Von der Sehnsucht anzukommen
Bd. 16: Schalück, Hermann, Den Gottesfaden erkennen. Die Ernte meines Lebens
Bd. 17: Sabine Pemsel-Maier, Genderperspektiven – neue Blicke auf Klara von Assisi

Bd. 18: Leonhard Lehmann, Vom Beten zur Kontemplation. Hinführung zur franziskanischen Praxis des Verweilens vor Gott

Bd. 19: Udo F. Schmälzle, Wissen, Bildung und Schule neu denken. Zugänge zu einem franziskanischen Bildungskonzept

Bd. 20: Wilhelm Bruners, Gottes hauchdünnes Schweigen. Auf seine Stimme hören